地域批評シリーズ⑮

これでいいのか静岡県静岡市

まえがき

東には名峰・富士山、北に南アルプスの山々など三方を山に囲まれ、南は駿河湾に接する温暖な地、静岡市。

紆余曲折あったものの、2003年には隣接する清水市と合併して新・静岡市が発足。2005年には政令指定都市に移行し、市内は葵区、駿河区、清水区の行政区に分かれた。その後も蒲原町、由比町との合併を果たして人口は71万人を超え、合併した当時は国内でもっとも面積の広い都市となった（現在は5位）。まさしくメガ・シティーの誕生である。ただ、静岡市にとって政令指定都市になるメリットは本当にあったのか？　お役所組織の整理統合、人件費削減、行政の効率化はそれなりに達成できたようだが、巨大化したことによって必要に迫られた過疎地対策、高齢者の増加、さらにトータル的なまちづくりや外に向けたPRはあまりうまくいっていないという意見もある。

改めていうまでもなく、静岡市は静岡県の中部に位置し、サッカー王国であり、静岡茶の名産地であり、清水はマグロの水揚げ・輸入量で日本一を誇り、さらに日本平や三保の松原など名勝地にも事欠かない。このように一見、個性溢れる都市でありながら、全国的な知名度はかなりビミョーである。個人差はあれ、「県庁所在地は浜松だっけ？」「東京寄り？　名古屋のほうだっけ？」「新幹線で通過するだけだしねぇ」「お茶は分かるけど他は？」と、ヨソ者から「？」いっぱいの言葉が多く聞かれるのが現実だ。「静岡」という名前（パッケージ）はよく知られているのに、中身があまり知られていないから、いかんせんパッとしない。その理由として、東京と名古屋の中間にあって、どうしても通過点（スルー都市）になってしまう立地上の不利は確かにあるだろう。だが突き詰めると静岡市民の気質も多分に影響しているのではないか。時に「駿河ボケ」とまで揶揄されるのんびりした気質を持つ静岡市民は、外に自分たちをアピールするのがあまり得意でない（する気がない？）のだ。静岡市民は、徳川家康の「鳴くまで待とう」の言葉さながらに、「知らぬなら知られるまで待てる」「気候も温暖で住みやすいし、まっ、どうにかるでしょ」的なマインドを持っているといわれている。駿府という家康ゆかりの城下町だった歴史とその土壌に生きる静岡市民は、昔から苦労を知らずに日々を暮らしてきたからか、エリート意識が高く、闘争心に欠け、自発的に何かをしようという意識が薄いのである。

ただこうした特徴は、旧静岡市の人たちに限って見られるものだ。対して合併した清水は漁師町。清水の人たちは地元のヒーロー・清水次郎長を地でいく人情の篤さを持ち、正義感が強く、エネルギッシュで気が荒い。静岡と清水は気質ひとつとっても水と油で、お互いのカラーが違うため、合併からすでに10年以上経っても、お互いにしっくり来ていないのが現実だ。実際、この両エリアが合併以来、手を取り合っている印象はない。駿府以来の城下町エリアである旧静岡市の中心部は、地方都市における中心部の衰退が問題視される中、商業施設や飲食店には多くの人が集まり、見た目は「プチ東京」さながら、非常に活気がある。ところが清水は静岡の中心部とは対照的に寂れたまま。静鉄で静岡からわずか20分ほどの距離にもかかわらず、人が集まらない。多くの人で賑わう静岡の中心部から清水へ、人を誘導する仕掛けがあってもいいと思うが、その動きもあまり感じられない。新生・静岡市ならではの一体感のあるまちづくりやPRができていないのが実状で、清水にとって合併にメリットが本当にあったのかどうか……どうもワリを食っている感が否めない。

旧静岡民はのんびりしているが、一方でエリート意識やプライドが高く、排他性が強いし、時に過剰なまでの保身を見せる。その昔、中心市街地の商店街が大型商業施設の出店を頑なに拒否して大規模な反対運動を展開したのがいい例である。こうした強い保守性は郷土愛のあらわれでもあり、地元の文化や伝統を守っていくにはいいかもしれないが、新しい一歩を踏み出す場合に足かせになったりする。旧静岡民は、どこと合併しようが静岡市はあくまでも「旧静岡」が中心という意識が抜けておらず、清水を完全に置き去りにしている。この旧2市の「別物感」を無くさない限り、政令指定都市となった静岡市の真の発展はないのではないだろうか。

本書では、愛すべき静岡市、その広い、広すぎる市域（葵区の山間部は政令指定都市の一部にはとても見えない！）を歩き、走り、取材によって現実を見聞きし、さらにさまざまなデータを徹底的に検証した。現在の静岡市の真実、通奏低音に迫ると共に、「閉鎖的独立国家」から脱却すべきか否か、その来たるべき未来を展望していくことにしよう。

静岡市地図

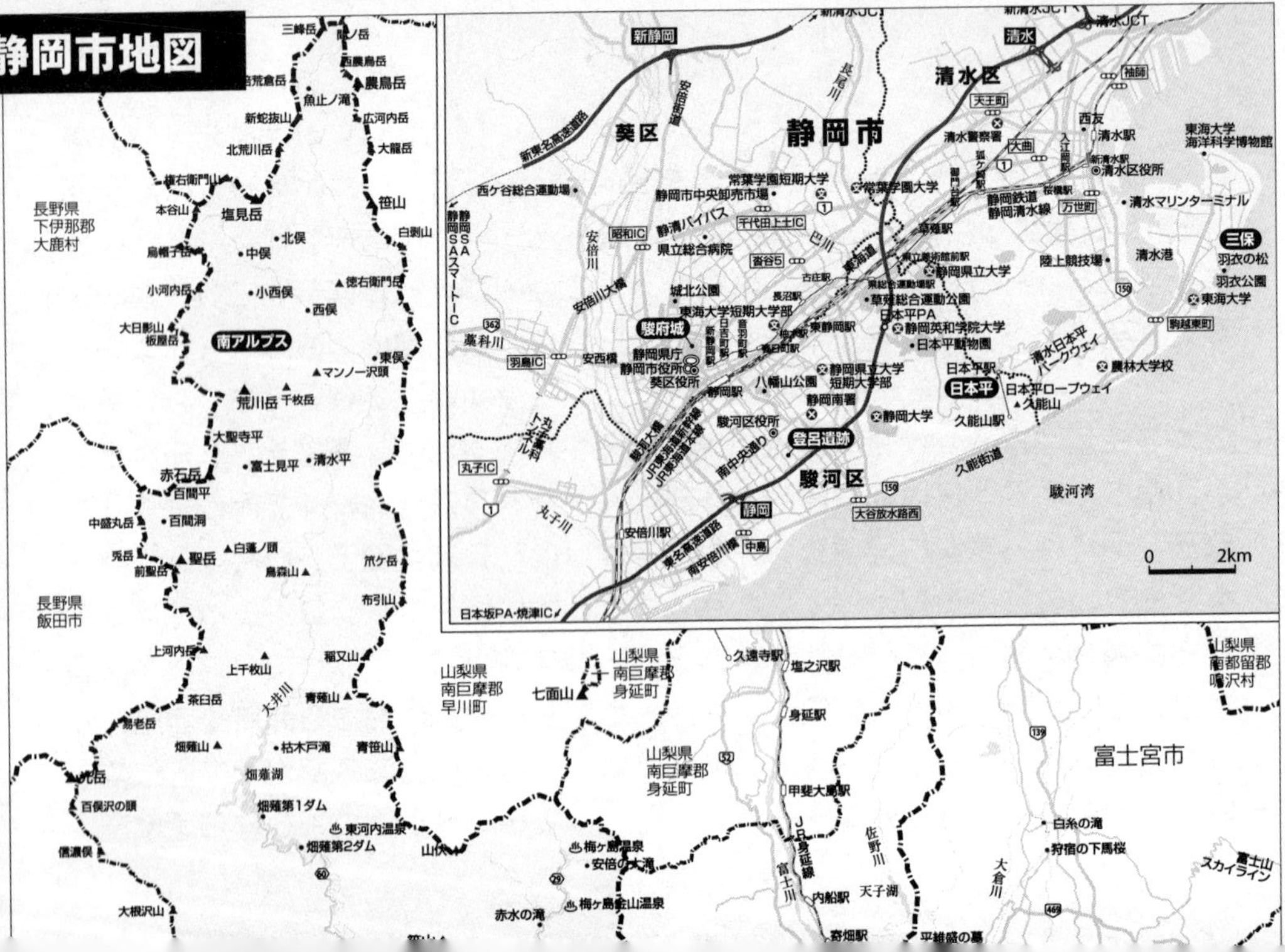
静岡市
葵区
清水区
駿河区
駿河湾
南アルプス
駿府城
登呂遺跡
日本平
三保
長野県
下伊那郡
大鹿村
長野県
飯田市
山梨県
南巨摩郡
早川町
山梨県
南巨摩郡
身延町
山梨県
南都留郡
鳴沢村
富士宮市
新静岡
清水
清水JCT
新清水JCT
新東名高速道路
東名高速道路
静岡
清水港
羽衣の松
羽衣公園
東海大学
東海大学
海洋科学博物館
清水マリンターミナル
清水区役所
清水駅
静岡駅
東静岡駅
草薙駅
静岡県庁
静岡市役所
葵区役所
駿河区役所
静岡県立大学
静岡大学
日本平動物園
日本平ロープウェイ
久能山
久能山駅
日本平PA
荒川岳
塩見岳
笹山
農鳥岳
聖岳
赤石岳
七面山
大井川
富士川
白糸の滝
狩宿の下馬桜
梅ヶ島温泉
安倍の大滝
赤水の滝
畑薙第1ダム
畑薙第2ダム
東河内温泉
0
2km

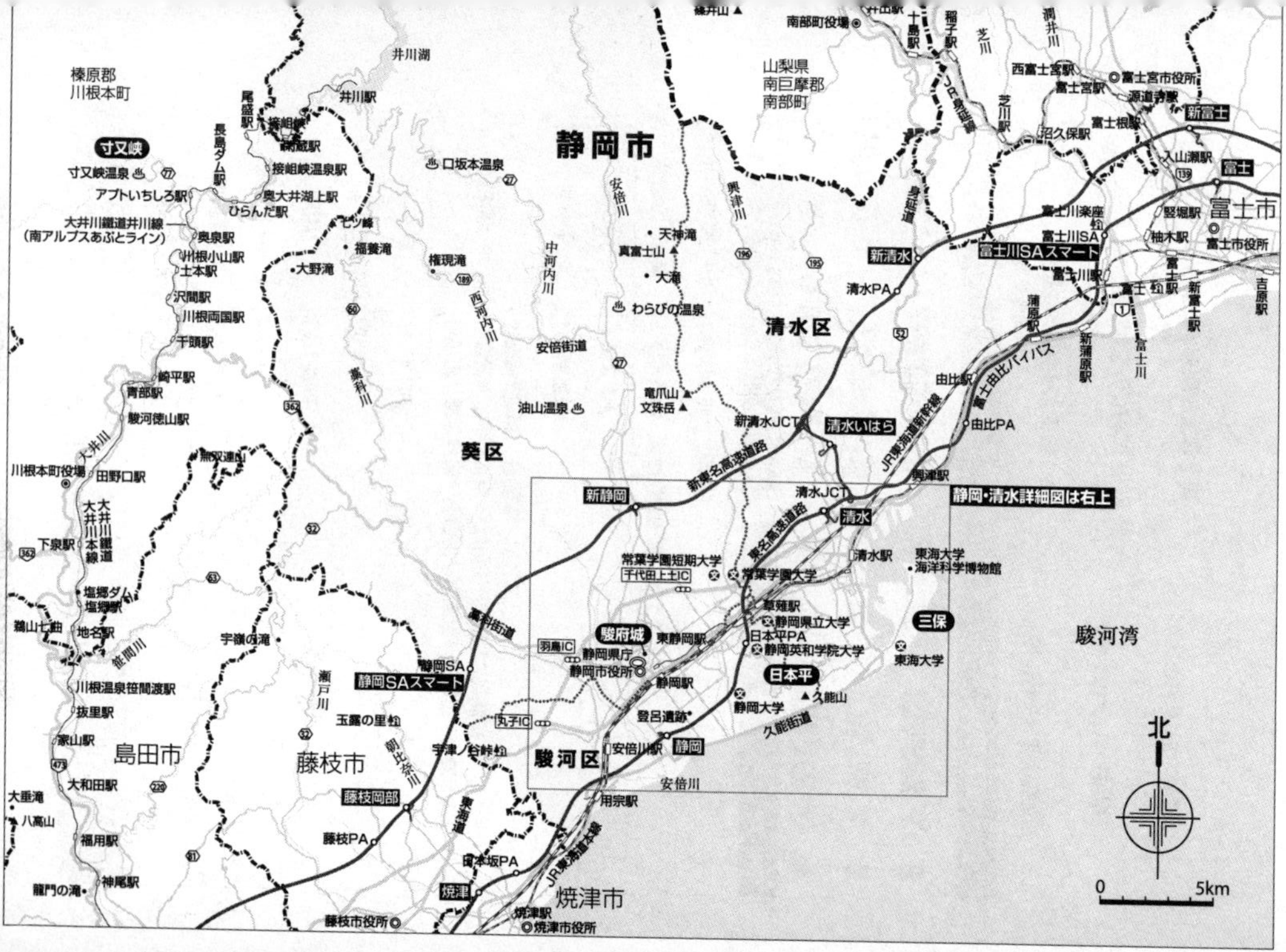

静岡市
葵区
清水区
駿河区
島田市
藤枝市
焼津市
富士市
榛原郡
川根本町
山梨県
南巨摩郡
南部町
駿河湾
北
0
5km
寸又峡
寸又峡温泉
アプトいちしろ駅
大井川鐵道井川線
(南アルプスあぷとライン)
奥泉駅
川根小山駅
土本駅
沢間駅
川根両国駅
千頭駅
崎平駅
青部駅
駿河徳山駅
大井川
川根本町役場
田野口駅
大井川鐵道本線
下泉駅
塩郷ダム
塩郷駅
鵜山七曲
地名駅
笹間川
川根温泉笹間渡駅
抜里駅
家山駅
大和田駅
大垂滝
八高山
福用駅
龍門の滝
神尾駅
長島ダム駅
尾盛駅
接岨峡
閑蔵駅
井川駅
井川湖
接岨峡温泉駅
奥大井湖上駅
ひらんだ駅
七ツ峰
福養滝
大野滝
口坂本温泉
権現滝
西河内川
中河内川
安倍川
藁科川
油山温泉
安倍街道
天神滝
真富士山
大滝
わらびの温泉
竜爪山
文珠岳
興津川
身延線
無双連山
宇嶺の滝
瀬戸川
玉露の里
朝比奈川
宇津ノ谷峠
藤枝岡部
藤枝PA
藤枝市役所
静岡SA
静岡SAスマート
藁科街道
東海道
日本坂PA
焼津
焼津駅
焼津市役所
JR東海道本線
用宗駅
安倍川駅
静岡
登呂遺跡
丸子IC
羽鳥IC
駿府城
静岡県庁
静岡市役所
静岡駅
東静岡駅
新静岡
新東名高速道路
常葉学園短期大学
千代田上土IC
常葉学園大学
草薙駅
静岡県立大学
日本平PA
静岡英和学院大学
日本平
久能山
静岡大学
久能街道
東名高速道路
清水JCT
清水
清水駅
東海大学
海洋科学博物館
三保
興津駅
静岡・清水詳細図は右上
新清水JCT
清水いはら
JR東海道新幹線
由比駅
由比PA
富士由比バイパス
蒲原駅
新蒲原駅
富士川
清水PA
新清水
富士川SA
富士川SAスマート
富士川楽座
富士川駅
富士駅
新富士駅
吉原駅
柚木駅
竪堀駅
富士市役所
富士
入山瀬駅
新富士
富士根駅
源道寺駅
富士宮市役所
富士宮駅
西富士宮駅
沼久保駅
芝川駅
芝川
潤井川
稲子駅
十島駅
JR身延線
南部町役場
篠井山

静岡市基礎データ

国	日本
都道府県	静岡県
団体コード	22100-7
面積	1,411.90㎢
総人口	701,289 人
人口密度	497 人 /㎢
隣接自治体	富士市、富士宮市、藤枝市、焼津市、島田市、川根本町 山梨県南アルプス市、早川町、身延町、南部町 長野県飯田市、伊那市、大鹿村
市の木	ハナミズキ
市の花	タチアオイ
市庁舎所在地	〒420-8602　静岡市葵区追手町 5 番 1 号
市庁舎電話番号	054-254-2111（代表）

区	面積	順位
葵区	1,073.76㎢	1
駿河区	73.05㎢	3
清水区	265.09㎢	2

区	人口	順位
葵区	252,168 人	1
駿河区	212,198 人	3
清水区	236,923 人	2

区	住所	代表電話
葵区	〒420-8602 静岡市葵区追手町 5 番 1 号	054-254-2115（代表）
駿河区	〒422-8550 静岡市駿河区南八幡町 10 番 40 号	054-254-2115（代表）
清水区	〒424-8701 静岡市清水区旭町 6 番 8 号	054-254-2115（代表）

※ 2017 年 1 月現在

●第1章●【静岡市ってどんなトコ】……15

第１章
静岡市って
どんなトコ

【歴史】今川が市街地を形成し徳川の時代を経て今に

広大すぎる静岡市　立派な山も海港も！

２００３年４月、静岡市は旧清水市と合併し、２００５年４月には全国で14番目となる政令指定都市へと正式に移行。これにともない葵区、駿河区、清水区の３行政区が設置された。

さらに、２００６年３月には庵原郡蒲原町が、２００８年11月には庵原郡由比町がそれぞれ清水区に編入された。合併後も「静岡市」の名称を継承したが、行政区分上は別物として扱われるため、便宜上、合併前を旧・静岡市、合併後を新・静岡市と記す場合もよく見受けられる。

さて、静岡市の地図を見て驚くのが、その面積の広さだ。赤石岳（南アルプス）と駿河湾の港を同じ市というのも乱暴な話だが、都道府県庁所在地としては日本最大の面積を誇っている。そのため区によってかなり特色が異なり、また同一区内でも地域差がかなり目立つ。新・静岡市としてはまだ日は浅いが、それぞれの地域には独自の歴史と伝統が根付いているのだ。本書では新市のポテンシャルや各区の特徴を検証していくが、まずはそのベースとなる静岡の歴史を紐解いていこう。

7世紀には3国成立　武田信玄の支配期も

太平洋に面した平野部は温暖で生活に適しており、弥生時代後期にはすでに集落（登呂遺跡）の存在が確認されている。

7世紀に律令制が成立する頃には駿河、遠江、伊豆の3国が成立。このうち駿河は大井川より東側の、現在の静岡県中部と東部（伊豆半島を除く）を合わせたエリアを指す。「箱根八里は馬でも越すが、越すに越されぬ大井川」とはよくいったもので、大井川は国境だったのだ。

大井川西岸は遠江、東岸は駿河という区分けは上流までさかのぼっても変わらず、そのため広大な井川地区は古くから駿河に属している。現在の静岡市民からすれば、「なぜ井川の山奥まで同じ市扱いなのか？」と不思議に思うかもしれないが、歴史的には常に駿河の領域だったのだ。

鎌倉時代以降、駿遠豆の3国を支配したのは、清和源氏・足利一門の流れを汲む今川氏であった。今川氏は駿河を拠点とし、政庁の今川館を駿府に定めた。これがのちの静岡市街地の雛形となる。

さて、今川氏といえば、誰もが知っている「桶狭間の戦い」の敗者だ。戦国時代、遠江の隣国・三河（現在の愛知県東部）まで支配領域を伸ばした今川氏は、尾張（同、愛知県中西部）へと軍を進めるが、織田信長の奇襲に遭って当主・義元が討死してしまう。これで今川氏は衰退し、遠江は徳川家、駿河は武田家が支配することになった。一般的なイメージでは「静岡＝徳川家康」のイメージが強いが、武田信玄によって統治された時代もあったのだ。

しかし、武田家の支配期間は短い。信玄の病死後、武田家は「長篠の戦い」で敗北。1582年には織田・徳川・北条の大連合による武田征伐が開始され、このときに徳川家が駿府を奪う。同時期に北条家は沼津や吉原（富士市）を制した。征伐後の論功行賞で駿河は丸々徳川領となってしまうが、このとき北条と徳川が制した領域の境界が、ほぼ現在の静岡県の中部と東部の境界となっている。また、奇しくもこのとき徳川が制した駿河領域は、現在の静岡市域に近いものである。

合併するは我にあり？　静岡人は合併が好き

徳川家康は、旧今川館の跡地に駿府城を築城し、駿府の政庁として定めた。豊臣政権下では関東に移封されたものの、のちに「関ヶ原の戦い」に勝利して天下を取ると、再び駿河を支配下に置いた。そして隠居後には、駿府城で大御所政治を行うようになる。

江戸時代の駿府や江尻（清水）は宿場町として栄えた。２６０年以上の泰平の眠りをむさぼったのち、明治維新を迎えることになり、それを機に静岡藩と改名する。それまで駿府の中心地は「府中」と呼ばれていたが、それが「不忠」

に通じるから……というのが改名理由らしい。ちなみに「しずおか」とは、浅間神社のある賤機山に由来する。改名当初は「賤ヶ丘（しずがおか）」としていたが、「賤」の字が「賤しい」に通じるからと、再度の改名を迫られて「静岡」になった。ハッキリいって、難癖としか思えないこじつけだ。明治新政府にとって、徳川寄りだった藩はよほど憎らしかったのだろう。いずれにせよ、地元民は「しずおか」ではなく「しぞーか」と発音することになるわけだが……。

廃藩置県後、浜松県（旧遠江）と足柄県の一部（伊豆半島）が静岡県に編入され、ようやく現在の静岡県と同様のエリアが形成された。やがて1889年に市制・町村制を導入。いわゆる「明治の大合併」である。合併ブームが起こると、とりあえず手を挙げずにはいられないのが静岡の性質なのか（？）「明治の大合併」では、安倍郡（ほぼ現在の葵区）と有渡郡（現在の駿河区、清水区と葵区の一部）が合併。日本最初の31市のひとつとして静岡市が発足した。これが、2003年に清水市と合併する以前の、旧静岡市の誕生である。

そして、静岡市発足後に安倍郡が再編されると、1924年にはその安倍郡から、清水町、入江町、不二見村、三保村が独立・合併して清水市が誕生した。

なぜか疎開民が居着いてしまう土地

１８９７年から第二次世界大戦まで、駿府城址は歩兵三十四連隊の駐屯地となった。現在の駿府城公園の静けさを知っているとにわかには信じられないが、駿府城公園内には戦争犠牲者追悼の碑や連隊跡碑が建っており、わずかにその名残を伝えている。

また、静岡は疎開先に選ばれることが多かった。ただ、よほど居心地がいいのか、戦後もそのまま居着いてしまったケースも多く見られる。祖父母の代まで東京で暮らしていた、という家族も、静岡ではめずらしくない。一度住むとアッサリ土着化するという、恐るべき静岡の「惰性力」がはたらく結果なのだろうか。

なお、静岡市と清水市には、民間人だけでなく軍需工場も疎開してきた。しかし、それゆえにアメリカ軍からの空襲を受けることになり、終戦直前、両市は焼け野原となってしまう。

戦後の静岡は順調に復興していくが、工業都市化した浜松市には経済の面で後れを取るようになる。静岡市は県庁所在地でありながら、「県内第2の都市」の地位に甘んじてきたのである。そして、第二次ベビーブームを迎える頃には、人口も浜松市が上回るようになった。静岡市の人口は、1990年をピークに以降は減少し始め、比較的早期から少子高齢化傾向に転じたのである。

そんな折に持ち上がったのが、静岡市と清水市の「静清合併」であった。1997年、住民発議制度によって翌年合併協議会が設置されると、およそ4年もの協議を経て合併が議決。そして2003年に清水市と合併し、静岡市は人口70万人の中核都市となった。

旧静岡市と旧清水市は、同一の「駿河」文化圏でありながら、異なる役割を担ってきた。この合併により、静清のポテンシャルは引き出されるのか、それとも「両雄並び立たず」という先人の言葉が示したように、分裂してしまうのか。広大な面積と、長い歴史を持つがゆえに、さまざまな問題を抱えている新・静岡市は、一体どのような新しい歴史を作っていくのだろうか？

静岡市は徳川家康ゆかりの城下町。壮年期から晩年にかけて、家康は駿府を拠点に定め、駿府城を居城として整備した

【合併】ついに政令指定都市！静岡市の合併悲喜交々

平成の大合併で話題となった静清合併

１９９９年から２０１０年にかけて行われたのが、いわゆる平成の大合併。簡単にいえば「小さな町村でも合併すれば、合併特例債など財政面での支援を約束するけど、そのままでいるなら地方交付税が削減されますよ」という、条件付き合併劇だった。アメとムチ合併推進ともいわれたように、「しなきゃもったいないぞ！」とニンジンを垂らされれば、財政難に悩んでいる町村は、たとえ愛着がある地元の名前を引き替えにしてでも、飛びつくってもの。実際、やむなく合併を選んだ、という町や村は少なくなかった。

この大合併は、もちろん静岡県下でも精力的に実施された。

２００３年には静岡県下74市町村であったのが、２０１０年には何と35市町まで激減。静岡から村は消えて、自治体数も半数以下に縮小されたのだ。

県庁所在地でもある静岡市は、ご存じの通り、東に隣接する清水市と静清合併を果たした。ただし旧静岡市と旧清水市の場合は、以前から周囲の市町を巻き込んで合併話が進められていたし、２００１年の市町村合併支援プランによって、将来的に人口が１００万人に達する見込みがなくても、70万人程度であれば政令指定都市へと移行させる、との条件も追い風になった。合併前の静岡市と清水市の人口は、それぞれ約47万人と約24万人。合わせて71万と目安の数値をクリアしたことで、合併後はめでたく政令指定都市へと移行することができた。

静清合併を契機に市の人件費を圧縮

２００３年の静清合併から、すでに約10年の月日が流れた。いったい、新・静岡市はどう変わったのだろうか。当初、静岡市が提案していた合併のメリットを抜粋すると次の通りである。

・組織の統合、合理化による経費の削減、行財政運営の効率化
・職員の専門性の向上と行政組織の整備充実
・生活圏の実態に対応した地域の一体的な整備
・公共施設の一体的な利用や効率的な配置
・財政上の特例を活かした事業の実施
・政令指定都市への移行

ここでたとえば、一番目にある「組織の統合、合理化」という観点から市の職員数を見てみると、合併前の2002年度、静岡市の一般職員数は約3500人で給料月額がおよそ13億円。同じく清水市は、約1600人でおよそ6億円かかっていた。単純に合計すれば、約5100人で19億円ほどである。それが合併後の2003年度には、職員は約4900人に、給料もおよそ18億円と額にして1億円ほど人件費が削減された。成果あり、といえるだろう。

その後、蒲原町、由比町が相次いで静岡市に編入したこともあって合計の職員数は増えたものの、以前の数字から比べると、職員数も給料額も削減している。

また、市議会議員にしても、現実的に総議席数が減っており、組織の統合・経費の削減、行政の効率化は達成できていると考えていいだろう。そして、２００５年４月１日、新生・静岡市は政令指定都市という冠をちょうだいした。が、よ〜く考えると、前出の「合併メリット」は、これら以外まだまだって感じ。これもまた、合併にまつわる事実である。

政令市のための合併　市民の本音はこれ！

そもそも、アテにしていた合併特例債で潤ったのは合併時だけ。翌年からは地方交付税が減らされ、オペラハウスやバーチャル水族館などの建設は頓挫する結果に（オペラハウスは清水文化会館マリナートとして開館）。「市の中心市街地だけが栄えて、周囲がすたれるんじゃないんの？」という一般市民の懸念には、当初は「区制を施行することで各区の特色を生かしたまちづくりを行う」と、行政側も威勢のよい回答をしていたものの、できた区が葵、駿河、清水の３つだけでは各区の特色もどうもなかろう。でっかい区が３つ、今までと変わらずあるだけだった。

静岡と清水、お互いの市民が「合併してもプラスになることなんてなかった」と口をそろえてしまうように、行政にはそれなりの効果があったとはいえ、市民の心はば~らばら。一般人の市民生活においては、合併メリットはなかなか感じられない模様だ。

といったものだから、静清合併は「政令指定都市になりたかっただけのもの」といわれてしまう。

実際に、合併で生じた各区のメリット・デメリットについてはあとで詳述するとして、ここでは、それ以前の旧静岡市、旧清水市それぞれの合併経緯を振り返ってみよう。

山間部を手に入れた旧静岡市の合併劇

旧静岡市と旧清水市が合併したことで新しく生まれた静岡市の面積は約1374平方キロメートル（現在は約1412平方キロメートル）で、当時一番面積の大きかったいわき市（約1231平方キロメートル）を抜いて、日本一の大きさの市となった（現在は5位）。

とはいえ、北は南アルプスから南は駿河湾まで、旧静岡市の面積はもともと1146・19平方キロメートルもあった。この広範囲を管轄するまでには、1889年に誕生した静岡市が、北に広がる旧安倍郡を長年をかけて合併してきたという歴史がある。

そもそも安倍郡自体が広大で、抱える自治体も多く、明治の初期には2町116村もあった。それが郡内で合併を繰り返し、1896年に改めて安倍郡を設置した際には2町23村にまで落ち着いた。そこから少しずつ静岡市と合併したり、清水町や入江町が合併して清水市になったりと規模が縮小。1969年に最後まで安倍郡として残っていた山間部の村々が静岡市と合併したことで、安倍郡は完全に消滅することになる。

安倍郡と市との合併の経緯には、過疎化が進む山間部で自立した行政は困難だし、村同士で合併してもそう変わらない。それならば、静岡市と合併し同じ行政サービスを受けられるようにするのがいい、という事情があったのだろう。

また、最後（1969年）に合併した井川村などは、井川ダム建設も合併の大きなきっかけのひとつとなった。合併当時の井川村は財政的にも豊かで静岡市との合併に乗り気ではなかった。それでもダム建設に伴い、富士見峠を通って井川と静岡を結ぶ道路が整備されたことで、井川から静岡まで車で2時間足らずでいけるようになった。現在は交通量も増えていることから、しずてつジャストライン（路線バス）を使っても新静岡から上落合まで約2時間。そこから井川地区自主運行バスに乗り換えて井川駅方面へとなると相応に時間はかかるけど、大井川鐵道で大井川を下って町に出るよりはよほど便利だと、当時の村民は道路開通を待ち望んでいたという。こうしたインフラ整備のおかげもあり、山間部と静岡市街地は以前から結びついていたのだ。

昔も名前で大モメ　旧清水市の合併劇

このように、過疎化が進む山間部の村々を合併して巨大になっていった旧静岡市。いっぽうの旧清水市は、こちらはこちらで大わらわの歴史がある。

１９２４年の清水市誕生時は、安倍郡以外に庵原郡の江尻町と辻町も合併した（形式的には直前に入江町に編入された）。ところが、江尻町は当初「町名が消えるのはイヤ」と猛反対。江尻は昔から宿場町として栄えており、当時の国鉄（今のＪＲ東海道線）の駅名も江尻駅だから、市の顔は江尻だと主張。税金の不払いや子どもを学校に通わせないなどの反対運動が7年間も続いた。辻町も（江尻町もそうなんだが）、一度入江町に編入してから市に移行というのが納得できないと反対したのだ。最終的には、「清水」に落ち着くが、江尻町のように市名を巡るトラブルが80年後にも同じ場所で繰り返されるとは……。旧江尻町からすると、市名を清水にさせられ、江尻駅も清水駅に改名させられ、清水市になったものの静岡市に合併させられと、踏んだり蹴ったりだ。

独自の文化を築き上げてきた静岡市

お互いにさまざまな合併を経験してきたのに、今回の静清合併もすんなりご結婚とはいかなかった2市。遅れて蒲原町と由比町も編入となり、とりあえず静岡市の合併騒動は幕を下ろしたけれど、もともと城下町育ちの旧静岡市民と港町育ちの旧清水市民では気質が違うし、隣同士とはいえ生活圏だってだいぶ違った。合併してもお互いを同じ市民だとは思っていない節があるのだから、市がひとつにまとまっているとは言い難い。

とはいえ、3000メートルを超える山々と、水深2500メートルと世界でも一番深い湾である駿河湾に挟まれ、これまで外部からの文化や政治の侵入を許さず、独自の文化を築き上げてきた静岡市。「大自然が広がる南アルプスに、マグロをはじめとする新鮮な魚介類が市の自慢です」なんていわれると、より一層まとまりがないようにも思えるけど、これだけあれば伊豆方面とも浜松方面とも手を組まなくても十分。無事に政令指定都市にもなったし、一匹狼でもやっていけるのだ。

山間部の村々との合併で巨大化した静岡市は、2003年にお隣の20万都市・清水市と合併。ついに政令指定都市の仲間入りを果たした

清水区役所はもともとは清水市役所だった建物。この合併で清水は損をした感じもするけど？

【防災】いつ起きても大丈夫!?
静岡と地震の因縁対決

東海地震に備えて対応策は常に刷新

静岡県がどの都道府県よりも力を入れているのが防災対策ではないだろうか。何年も前からいわれているように、いつ東海地震が起きてもおかしくない。しかも、2011年3月11日に発生した東日本大震災を見てしまった以上は、静岡もあれだけの被害が出てしまうのかと思うとたまったものではない。

東海地震とは、ユーラシアプレートとフィリピン海プレートの境界となる南海トラフ（深い溝）の一番東の部分、その名も駿河トラフで発生するとされる地震のことで、マグニチュード8が想定される大地震だ。静岡は駿河湾にあるこのプレートのおかげでこれまで何度も地震に見舞われていて、一番古い記録では、静岡がまだ駿河と呼ばれていた６８４年に発生したとされている。その後も約１００年～１５０年周期で大規模な地震が発生していて、甚大な被害をもたらしてきた。

前回の東海地震の発生が１８５４年。それから１５０年以上も東海地震とされる地震は発生していないから、まさに明日起きてもおかしくない状態なのだ。そのため、静岡市でも地震対策に余念がない。東海地震発生の可能性が指摘された１９６９年以降、地震の研究が進み、数々の対策が打ち出されてきた。その後、１９９５年の阪神・淡路大震災、２００４年の新潟県中越地震、そして先の東日本大震災と、国内で大規模な地震が発生するたびに、各地の被害を考慮して対策が改善されている。河川や海岸、土砂崩れ防止設備などの費用だってバカにはならないが、東日本大震災のような「想定外」の被害が起こることを考えてたら、いくらお金があっても足りないくらいだ。

40年以上も大地震がくるといわれ続けているから、市民は地震や津波被害に備えた避難訓練を何度も体験している。小学生は夏休みに行われる避難訓練に参加して、学校に「参加証明書」を提出しなければいけない徹底ぶり。朝のラジオ体操はサボれても、避難訓練だけは何があっても参加しないと怒られる。地域でも、災害時に安否を伝える際、無事の場合は玄関先などに黄色いハンカチを掲げるといった取り組みも行っている。これは静岡に限ったことではなく、全国的な運動となっていて、東日本大震災時にも安否確認が迅速にできたという。その直後の2011年3月15日に発生した静岡県東部地震でも、このハンカチが目印となって安否確認がされている。

ちなみに、この地震では、消防も救急もすぐに対応し、市民いわく「びっくりするぐらいの早さで市街地に集まった」。なんでも、「ずーっと訓練をしているから、レスキューの対応は万全」なんだそうだ。市民にとって、これは何とも心強い。

津波ビルに避難しても危険はいっぱい!?

実際に想定される被害や対策などについてはあとで詳述するが、ここでも全体像をとらえておくとしよう。

マグニチュード9を記録した東日本大震災は、揺れによる建物の被害は確かにあったが、悲惨なまでの被害は津波によるものだったといっても過言ではない。

静岡も、沿岸部では津波対策が強化されてはいる。ところが、津波被害をもっとも受けるとされている清水区の津波避難ビル81カ所（2012年2月末現在）について、受入可能範囲に3階以下を含むビルが実に計57カ所（ビル全体の階数不明なものは除く）。駿河区では27のビルで19カ所。

単純比較はできないが、東日本大震災時、宮城県女川港に押し寄せた津波は15メートルと推測され、ビルは4階まで浸水し水圧によって鉄筋のビルが何棟も崩壊した。東海地震で想定される津波の高さは静岡市で10メートルだが、仮に想定外の津波がきたら……3階では、決して安全ではない。

津波を10メートルとすれば、静岡市街地までは浸水の恐れはない。とはいえ、駿府の城下町には古い家も多いため被害は少なくないはずだ。

さらに静岡市では、沿岸部の津波のほかに、市の面積のほとんどを占める山間部では土砂崩れなどの被害が出ることも想定される。

県の発表によると、東海地震が発生した場合、道路の寸断やダムの崩壊などにより、県内では山岳部を中心に371地区が孤立するとしている。

そうした場合、ヘリコプターによる物資の輸送や救助も重要な活動となる。静岡県では1997年に消防防災航空隊を、静岡市でも2008年に消防航空隊を発足させ、空からの消火・救助活動体制を強化している。加えて、2012年開通した新東名高速道路では、ほとんどのサービスエリアやパーキングエリアにヘリポートを備えており、救助の面で効果が期待できる。過疎化が進み、高齢化が進む山間部では、特に迅速な救助対応が求められている。

原発の悪夢はもうイヤ　防波壁ももっと高く！

東海地震が起きた場合、東日本大震災で起きたトラブルと同様のことが起こると懸念されているのが交通網の分断だ。

静岡市は、東海道新幹線（東海道線）と東名高速という二本の大動脈が走る場所。交通が遮断されると、東日本大震災と同様、なかなか復旧作業に着手できないし、東京~名古屋・大阪の流れが止まれば日本の経済にも大きな影響が出ることが懸念される。

そしてもうひとつ、忘れてはならないのが原発の問題だ。東日本大震災時には福島第一原発が大破し、現在も放射能による被害が出ているのはご存じの通り。静岡でも、一時、お茶からセシウムが検出されて大騒ぎになった。

御前崎市の海岸沿いにある浜岡原発は、東日本大震災後に運転を停止しているが、２０１２年5月に発表した内閣府の想定では、東海地震で浜岡原発に達する津波の高さは21メートル。この発表以前は、福島第一原発の被害を受けて18メートルの防波壁を造るとしていたが、それでは「想定される」被害を防げない。見直しが必要なのは絶対だ。

実際に大地震が起きた場合、原発でどのような被害が出るかは分からないものの、事故後の対応は一刻を争う。中部電力には東京電力のような後手後手の対応、隠蔽だけはしてもらいたくない。

富士山問題もあるが訓練第一に備え万全

そして最近になって判明したのが、富士山の活断層問題だ。

２０１２年5月、文部科学省が富士山直下にある可能性が高いと発表したこの活断層では、最大でマグニチュード７の地震が起こるとされ、１７０７年の宝永地震から49日後に起こった宝永大噴火のような噴火、大規模な山体崩壊を引き起こすともいわれている。

活動周期など詳細は分かっておらず、地震の頻度は数千年に一度といわれてはいるが、東海地震に誘発されて活動が活発化する可能性も否定できない。

海からは津波、山岳地帯では土砂崩れに富士山の噴火・崩壊、そして原発問題と、想像を絶する被害をもたらすとされる東海地震。静岡に何の怨みがあるのかといいたくなる。それでも地元で暮らす人たちは、地面が揺れたぐらいじゃ静岡を愛する気持ちは揺るがない。訓練もしっかりできているから、今後30年以内に88パーセントの確率で起きるという東海地震に対しても、富士山のようにドーンと構えていられるのだ。

葵区にある静岡県地震防災センターには、静岡市民なら小学校の体験授業で訪れた人も多いはず。避難訓練だけでなく、実際の揺れなども体験しておくことで、より「本番」に備えることができる

【産業】港湾を持ち農業もある商都の未来は明るい!?

縮小する第一次産業　工業にも不況の波が

清水市との合併で「静岡市」が手にしたものは少なくない。市の税収、雇用という意味で、清水の港湾地域は魅力的だ。商業地や山、穏やかな駿河湾に加え、物流拠点となる港の保有は大きい。

ではまず、現在の静岡市を「産業別」にザッと見てみよう。

山々に囲まれて農地に限りがあるのもそうだが、それ以上に後継者不足のため、今や第一次産業人口は各地同様に減少の一途をたどっている。2005年と2010年の国勢調査によれば、第一次産業（農業・漁業・林業）の就業者数は1万2051人から9833人に大幅減。市の全就業者に対する割合は、

3パーセント弱（2010年）にまで落ち込んでいる。加えるなら、市域の約76パーセントが森林という地勢の静岡市なのだが、林業が隆盛を極めたのはとうの昔。農業では茶、みかん、いちごの産出額が大きい。

清水の港湾地域には、冷凍・加工食品メーカーや金属関係など、数多くの工場が見受けられるが、旧静岡市ももともと、家具、プラスチックモデル、サンダル、仏壇・仏具、製材、ひな人形……など、職人的な技を持った製品の生産が盛んな地だった。こうして今や、多面的に工業製品を送り出す一大都市となったわけだが、これらいわゆる「工業」にかかわる第二次産業人口も減少傾向にある。国勢調査によれば、2005年の9万7828人から9万1303人に就業者数が減っている。

静岡市作成の『静岡市の工業―平成21年工業統計調査結果概況―』の「産業中分類別製造品出荷額等」（従業者4人以上の事業所が対象）によると、2009年の工業製品の製造品出荷額等の構成比は、電気機械器具33・0パーセント、食料品15・4パーセント、金属製品6・0パーセント、化学工業5・7パーセント、輸送用機械器具5・7パーセント、はん用機械器具5・3パーセント、非鉄金属4・8パーセント、その他が24・1パーセントとある。中心は「メカ」なのだが、このなかで、対前年増減率で「プラス」に転じたのは、3・4パーセント増の食料品だけという結果だった。食料品をリードするのは、もちろん、清水港で水揚げされるマグロなどを加工する各事業所だ。

製造品出荷額等（従業者4人以上の事業所）を調べると、2003年の約1兆5700億円に対して、その後は微増傾向で2008年にはおよそ1兆8400億円を記録したが、2009年に急降下。6年前以下の数字にまで落ち込んでしまった。

おまけに2012年4月、JFEエンジニアリングが、超高層ビルの鉄骨など、建築鉄鋼事業からの完全撤退を表明。2013年3月にはそうなる見込みで、主力工場である清水製作所（清水区）の閉鎖が決まってしまっている。

これらは、リーマンショック以降、長引く不況が近因の現実とだけ記しておこう。

なお、静岡市は工業の事業所と従業者数は浜松市に次ぐ県2位。製造品出荷額等では、浜松市・磐田市に次いで県3位である。

食肉よりもお茶!!　そして何よりも漁業！

続いては、小売りやサービス業、電気・ガス業などを含む第三次産業を見てみよう。割合では、全就業者のおよそ7割を占めており、県都・静岡市が、周囲から人が集まる「商都」であることが分かる。とりわけ卸売業は、商店数・従業者数・年間商品販売額のいずれもで県下ナンバー1。市がホームページ等で公表している直近の数値によれば、２００７年の年間商品販売額は３兆３４７３億円ほどで、そのうち約２兆５３５２億円が卸売業、残りが小売業だった。

大まかに分けて、卸売業で販売額が大きいのは、飲食料品の約８８３７億円、建築材料や化学製品・鉱物・金属材料・再生資源などの約６１７６億円、そして機械器具や自動車の約６０３０億円というもの。

飲食料品をもう少し細かく見てみると、「食料・飲料」分野で、酒類やいわゆる一般的な飲料の取扱額が大きいのは、どの都市も同様だろうが、ここに「茶類卸売業」が入ってくるのが静岡らしさ。額にして２６７億円ほどあり、これは約１１３億円という「食肉卸売業」の２倍以上だ。

とはいえ、商業全体のパイは、減少傾向にあり、茶業も何も安閑とはしていられない。年間商品販売額は、1994年が5兆1040億円あったのに、1999年は4兆210億円、2007年には前出の3兆3473億円と完全に右肩下がりなのである。

なお「生鮮魚介卸売業」の販売額は2477億円超（2007年）と、清水港をはじめとした港湾部が、工業と合わせて、いかに市の重要な産業拠点であり、市に貢献しているかが分かる。

話は前後するが、漁業について少々触れておくとしよう。

市内には安倍川、藁科川などの清流があり、その流れ着く先には、穏やかで漁場としての地形にも恵まれた駿河湾が雄大に待ち構える。市には、冷凍（遠洋）マグロの水揚げ日本一を誇る清水港のほか、用宗漁港、由比漁港という拠点があり、マグロだけでなく、駿河湾名物のシラスとサクラエビの漁獲高が大きい。『静岡市勢要覧 平成23年度版』によれば、2008年の海面漁業の漁獲量はマグロ63444トン、サクラエビ14118トン、シラス11994トンとある。

家具やひな人形の匠がプラモデルに昇華した

ここで、静岡市の伝統的産業について、市内で老舗の茶卸業を営む氏の言葉を紹介しておこう。

「かつての静岡市は、茶業だけでなく材木屋、家具にサンダルといった職人たちで賑わっていた。だけど今、昔っからの産業で、どうにかやってるっていうのはお茶くらい。それだって昭和40年代には組合員が２８０社あったのに、今じゃ１６５社になってしまった。寂しいよねぇ」

今や材木商は、家業をたたんで土地をスーパーなどに貸したり、ハウスメーカーに転業したり、たくさんあった家具問屋も店じまいの流れは食い止められない。また、江戸時代末期に誕生したとされ、今も一流の工芸品として名高い仙台箪笥は、もともと静岡で作られていたといわれている。加えて、「ひな人形の生産で日本一という埼玉県岩槻の技術も、もともとは駿河雛具、静岡の職人が関係しているんだけどね」と、前出の氏。

技術、技能はあるのにどうしたわけか衰退の道をたどる静岡の伝統産業。そ

平成21年工業統計調査によると、静岡県のプラモデル出荷額は全国首位、しかもシェア91パーセントを誇っている。写真はミニ四駆でおなじみ、静岡市が誇るタミヤの本社

のなかで、職人技、匠の魂を伝承している、といえるのがプラモデルメーカーか。

もともと盛んだった木製模型飛行機の製造から派生したとされ、スケールモデルの製造で規模を拡大。その後の人気はいわずもがなだ。市内には、ミニ四駆などで知られるタミヤがあり、ガンプラの生みの親・バンダイも、かつて清水工場を拠点にしていたバンダイ模型が、企画開発や生産を行っていた。子どものハートをわしづかみにする才覚が、静岡にはある。そんな歴史を受けてか、静岡市は2011年2月「静岡市ものづくり産業振興条例（案）」を全会一致で可決。「ものづくり」への執念を見せているが、果たして⁉

【食文化】出自よろしい「お茶」からB級グルメまで幅広い！

他県のイメージも市民もお茶が一番！

有名な浪曲「清水次郎長伝」にも歌われているが、今の世でも静岡といえばとにもかくにもお茶である。

静岡市は、2009年5月、横浜で開催された「旅フェア」で静岡市の認知度を調査した。「グルメ」をテーマに「静岡市と聞いて思い浮かぶものは？」の問いに対し、28・2パーセントもの人が「お茶」と答えている。2位は「みかん」で13・5パーセントだから、断トツの1位だ。ごくごく一般的な意見として、静岡市の食品といえばお茶なのである。

3位以下のアンケート結果を紹介すると、3位はサクラエビで9・2パーセント、4位がわさびで8・9パーセント、5位は静岡おでんで7・7パーセント、6位が安倍川もちで7・3パーセント、7位が石垣イチゴで7・2パーセントという順だった。

お茶は静岡の大事な文化であると同時に、産業でもあることは前項でも述べた。生産家、荒茶工場、製茶工場に卸問屋、静岡茶市場関係者に小売店……など、たくさんの需要も生んでいる。実際、静岡市内にはおよそ1200もの荒茶工場があり、茶の卸業者（組合員）は市内に約160社。静岡県全域で約500社というから、およそ3分の1が県都である静岡市に所在しているのが分かる。さすが商業の中心地といったところ。

ちなみに、品種は市内生産分の約7～8割がやぶきた。茶葉は、一番茶から二番茶……四番茶（9月頃）まで採取されている。

「違う品種のブレンドはもちろん、たとえば同じやぶきたでも、どの地域のものをどうブレンドするかによって味が変わる。これこそがお茶屋の腕なんだよ」

これは製茶工場で聞いた言葉だが、静岡市民の多くは、こんなこと常識的に知っている。それぞれの家庭で、こだわりがあるし、ご贔屓の店がある。さすが、小学校から給食で「やかんに入ったお茶」が出るだけはある。お茶文化は体に染みついた、当たり前の文化なのだ。

だもの、ヨソへ旅行にいったりしたとき「えっ、何、このお茶の味⁉」と眉間にしわを寄せてしまうのも、静岡市民のご愛敬。そんなときに「静岡ってやっぱりお茶の町。自分のところのが一番おいしいわねぇ」と、故郷を愛しく思ったりするのである。

もっと知られていい　献上品だった本山茶

さて、静岡のお茶文化だが、その歴史は実に古い。約８００年前に生まれた高僧・聖一国師が、中国から持ち帰ったお茶の種を安倍川上流、足久保の地に蒔いたといい伝えられている。これが、いわゆる静岡茶の源流、「本山茶」の始まりとされている。

この本山茶、今じゃ「ほんやまちゃ」と正式名称で読めない地元民もいるようだが、かつては徳川家康に、その後も明治天皇へ献上されるなどした一級品だ。

ところが、静岡の市民性なのだろう、宣伝下手が災いして、その名も若い世代には広く認知されないうえ、全国レベルでの知名度は決して高くない。あるお茶の小売店主いわく「安倍川から藁科川流域の本山茶は昔からおいしいです。それと、もっとずっと上流域、梅ケ島方面にも上質の茶畑があるけど、あちらは後継者不足で生産量も落ち込んでいるようです」。

全部がそうではないけど、「静岡茶=本山茶」くらいのイメージで大々的に売り出したら、市民だけでなく他県にも愛されるブランドになるんだけどなぁ。

静岡おでんにフライ　B級グルメがいい！

冒頭に紹介したアンケート結果の2位はみかんだったが、静岡の食文化といえば、マグロだ。

都道府県庁所在市と政令指定都市を対象にした、2008年~2012年の1世帯当たり（2人以上の世帯）の年間購入数量を見ると、静岡市が年間6673グラムで首位。2位の甲府市が3986グラムだから圧倒的だ。

これはもちろん、焼津港や清水港など、マグロの水揚げ量、輸入量ともに日本一の静岡県らしさというべきだろう。だって、小学校低学年の子どもたちが、普通に「ハンバーグよりもマグロが好き」っていう地域だものね。なお、海産物という意味では、スーパーでも普通に扱っているほど、鯨類（イルカ）を食す文化が残っている。

子どもたちが喜ぶといえば、マグロだけでなくおでんもある。今ではＢ級グルメグランプリ等の常連として全国的に知られている、静岡おでん。ひとつずつ串に刺さっていて、黒い汁で炊かれ、食べる前に「青のり」と「だし粉（魚粉）」をかけるのが静岡流だ。

具材でとりわけ異彩を放っているのが、他地域ではお目にかかれない「黒はんぺん」。読んで字のごとく黒いはんぺんで、サバやイワシなどの青魚を原料にしており、半月状で薄っぺらい形も独特。１本１００円程度、失礼を承知で書けば、何てことはない駄菓子屋で売られていたりして、これが旨い！　子どもたちにはおやつ、大人には酒の肴として大活躍だ。

黒はんぺんといえば、そのフライも静岡のＢ級グルメである。これまたヨソにはない「はんぺんのフライ」で、揚げたことで魚の風味が倍増。家庭はもちろん、いわゆる普通の居酒屋等で、普通においしいものが出てくる。

観光資源になった石垣イチゴ

静岡市では、海岸沿いでのイチゴ栽培が盛んだ。海岸線を走る国道150号は、通称・「いちごロード」と呼ばれ、駿河区西平松から清水区駒越までの駿河湾沿いには、延々とイチゴ農園が続いている。栽培農家の数が350を超える、イチゴ栽培のメッカだ。

栽培の歴史は明治期にさかのぼり、1896年に始まった。玉石を一定の角度に積み上げていく石垣栽培が特徴で、これを確立するには約20年の歳月を要したという。1960年頃からビニールハウスが全国に普及したことを受け、その後、冬期を中心にハウスを使った「イチゴ狩り」観光が始められた。今では、「静岡・久能苺狩り組合」の組合員数は、50を超えている。温暖な気候ゆえ、冬期のハウス栽培に適している、というわけ。

つまり、このイチゴ、市内で流通して市民に愛されているのはもとより、貴重な観光資源にもなっている。農産物の産出額としては、お茶、みかんに次ぐ3番手。2006年のデータでは、約18億8000万円を記録している。なお、イチゴ狩りは基本的に、1月から5月のゴールデンウィーク頃までが時期だ。

また、静岡市はわさび栽培も盛んで（静岡県はなんと全国シェア1位）、その加工品である「わさび漬け」も名産品のひとつに挙げられる。

港で揚がるマグロ、シラスやサクラエビといった海産物が名物の清水でも、土産物店などには、わさび漬けの棚が充実していたりする。これは、安倍川流域で採れた静岡のわさびを加工する業者が清水にもあるためで、地元の年配者のなかには「朝は白米にわさび漬け。みそ汁があれば何もいらない」という人もいるほどだとか。

旧静岡と旧清水はどこか近くて遠い関係にあるけど、意外なところで共通する文化があるものである。お茶文化も共通だし、マグロの消費量だってそう。もともと隣同士なんだから当たり前か。

【インフラ】東西交通網は確立も縦は弱くてチャリ頼み

「のぞみ」は駅を通過　線路は市を南北に分断

政令指定都市にはなったものの、市内を走る鉄道はＪＲの東海道新幹線と東海道本線、私鉄・静岡鉄道静岡清水線のみ（大井川鐵道も葵区を走っているが山奥の一部だけなのでここでは割愛）。他の政令市に比べて、交通網が脆弱なように思える静岡市の交通事情は、実際、どんなものだろう。

まずは東海道新幹線。静岡駅は、日中は１時間に「ひかり」が１本、「こだま」が２本停車するのみで、他の駅を含めて、静岡県内に「のぞみ」が停車する駅はない。もともと「のぞみ」は、東京と名古屋、大阪方面を短時間で結ぶために作られた列車だから、当初から静岡に停まる予定はなかった。これに対して、当時の静岡県知事が「のぞみを停めないなら通過料を取る」なんてトンデモ発言したことは記憶に新しい。

確かに東海道・山陽新幹線の駅のうち、政令指定都市にあって「のぞみ」が素通りするのは静岡駅と浜松駅だけに寂しい。「のぞみ」が停車しない東海道新幹線の駅では静岡が一番利用客が多いというし、利用者はいるのに本数が少ないから「ひかり」が混雑するハメに。「のぞみ」が停車していれば、静岡はもっと発展していたかもと思うと、知事の言葉にも一定の理解はできる。

静岡県統計年鑑（平成22年）によると、２０１０年度の新幹線も在来線も含めた静岡駅の乗車人数は１日約5万８０００人。東海道本線にも静岡駅から東京行きの普通列車が走っていたが、２０１２年3月に廃止。普通電車の行先は、東は熱海・三島、西は浜松・島田がほとんどと、今では完全に「静岡ローカル鉄道」となっている。

他方、このＪＲ線は東西の交通手段でしかなく、旧静岡市内を南北に二分、異文化圏を形成する要因にもなっている。どちらがどうのではなく、北の葵区、南の駿河区には別モノ感があるのは事実。

市民の足・静鉄の未来は路線を延伸しLRTに？

市民の足として忘れてはならないのが静岡鉄道、通称・静鉄だ。

静鉄静岡清水線は2両編成とはいえ、日中は1時間に9本、朝のラッシュ時には15本も運行されている。全体の利用者は減少傾向にあるなか、おもしろいのは駅ごとの利用者数の増減だ。

2008年の静岡鉄道の統計を見てみると、新静岡と新清水、この両端にある2駅では前年に比べて乗降者数が極端に減っているのに対し、中間駅では乗降者数が増加傾向にあるのだ。ほぼ併走しているとはいえ、JR線は駅数が少ないこともあってか、沿線住民は静鉄を「ちょっとそこまで」といった感じで利用している証だ。

そんな静鉄には、明るい未来も期待されている。LRT（Light rail transit）の導入だ。

路面電車のような軽量鉄道で、国内では富山ライトレールがよく知られている。

計画は、新静岡駅から七間町や駿河区役所方面、新清水駅から日の出町や清水駅方面に路線を延長、もしくは接続する形で路線を敷き、鉄道と一体化したまちづくりを目指すというもの。

が、市の予定計画書を見る限り、延長する区間はほんのわずか。七間町ルートなど「何でこんな短い距離を？」という疑問が残る。また、計画図によると、路線は新静岡駅から七間町を回って静岡市役所・葵区役所方面に伸びているけど、それで概算事業費が76億円。絵に描いた餅、とならないか、いささか不安ではある。

市では静岡市ＬＲＴ導入研究会を立ち上げて、実現に向けて検討を進めている。これがただの「ＬＲＴブーム」に乗っただけの計画で終わるのか、実現するのか。実現しても税金の無駄遣いといわれてしまわないか。動向に注目だ。

利用しやすくなったバス　新東名の需要はある!?

地方都市だけあって、市内はバス路線が充実。江戸時代から清水（江尻）が東海道の宿場町として栄えてきたように、東海道に沿ったラインは鉄道が２本走っているけど、それ以外の交通網は発達しなかったから、南北をはじめ市内を縦横無尽に走るバスは重宝されている。さらに市では2000年度から2007年度まで「静岡市オムニバスタウン計画」を実施して、バスの利便性・安全性等の向上、交通施設等の整備・改善などを進め、利用の拡大を目指した。ノンステップバスを120両以上導入したほか、自転車と合わせて利用できるよう、バス停付近の駐輪場の整備などを進めたのだ。

そのおかげか、一時期、わずかとはいえバス利用者が増加した。その後、利用者はやや減ったものの、2009年の利用者を対象としたアンケートによると、バスの利便性について、7割の人が「大変向上した」「向上した」と回答。本数が少ないとか、終バスが早いとか、個人的な不満はあるだろうけど、市民は、おおむね好評価を下している。

車といえば、新東名高速道路が開通したのは明るい話題だ。静岡サービスエリアにある飲食店は、お茶や駿河湾の海産物などを使ったご当地グルメがテレビや雑誌で取り上げられ、スマートインターチェンジになっているから、ETC搭載車限定とはいえ、そこから一般道への出入りも可能。高速が走るのは山中だから、静岡サービスエリアからも隣の新静岡インターチェンジからも市街地まではちょっとあるけど、高齢化が進んでいる市北部の奥静岡、通称「オクシズ」などへの観光客誘導という意味で期待されている。お茶の栽培で有名な藁科地区には「きよさわ里の駅」なんていうものもあるから、オクシズ需要ももっと増えるだろう。ただし問題なのは、このきよさわ里の駅、市内の人にはほとんど知られていないことか。

最後の手段は自分の足　自転車があれば大丈夫

鉄道に車もあるけれど、静岡市内の一番の交通手段といえば、何といっても自転車に他ならない。２００９年度より進められている『静岡市自動車道ネットワーク整備計画』によると、市民の2割が交通手段として自転車を利用しており、これは全国平均の15パーセントを上回る。高校生の通学では8割、会社の出勤でも2割、電車を利用するにも自宅から駅までは3割程度の人が自転車を利用するというから、朝の道路は「ここはベトナムか？」と思うぐらい、自転車で溢れている。

これは、市街地に坂がないことも理由になっていると思われるが、鉄道はない、バスも道路が渋滞して時間通りにこないとなれば、市民の交通手段は自力勝負、すなわち、徒歩か自転車しかないのだ。バスのところでも触れたように、バスと自転車を合わせて利用できる駐輪場に加えて、市内全域に市営駐輪場も22カ所もあるから、利用者には便利でもある。一方で、それだけ自転車が多いと問題も多い。市では年間1万台にも上る放置自転車（原付含む）の撤去に頭を悩ませている。撤去しても半数近くは取りにこないといい、今では無償で海外に送っているほどだ。

また、2012年の1月からは、国道1号線の一部区間において、安全な走行を確保するために自転車の一方通行規制も行われている。これは、本格的な取り組みとしては全国初で、違反すると3カ月以下の懲役、または5万円以下の罰金というから、自転車でも借りて市内をブラブラしようという観光客は要注意だ。

自転車は静岡で最大の交通手段。朝の通勤・通学時、夕方の帰宅時は、まるで民族大移動。大きな交差点には「自転車専用信号」があるけど、ルールを知らないと事故を起こしそうになる

【スポーツ】サッカーがとにかく有名だがそれだけにあらず

強い藤枝勢を追った清水勢の偉大な足跡

静岡市でスポーツといえば、サッカーで異論はなかろう。アウトソーシングスタジアム日本平をホームスタジアムとするJリーグ・清水エスパルスを筆頭に、高校サッカーの伝統校、清水商業に清水東、新進気鋭の静岡学園と名実ともに全国区だ。

が、待てよ、それってほとんど清水区、旧清水市じゃん！　そうなのだ、静岡市全域でサッカーは盛んだし、総体的にハイレベルなんだけれど、こと強さでリードしてきたのは清水勢なのだ。

もともと県下では、中高ともに藤枝勢が優勢だった。高校でそれに風穴をあけたのが県立清水東高校で、舞台は１９７２年の高校総体。決勝戦で秋田商業を延長の末に下し総体初V。実はこれで、浜名→藤枝東と静岡県勢の３連覇となった。その後、清水東は80年代前半に絶頂期を迎え、１９８２年度の高校選手権に初優勝（静岡県勢Vは12年前の藤枝東以来）、総体は１９８０～１９８１年と連覇している。かなり古くはメキシコ五輪の銅メダリストの杉山隆一、ちょっと古くは、エスパルスで監督まで務めた長谷川健太やヴェルディの武田修宏、近年では何といっても世界で活躍する内田篤人の母校である。

「キヨショー」と清水の市民に親しみを込めて呼ばれる市立清水商業高校は、決勝戦で四日市中央工業を破り、１９８５年度の選手権に初優勝。その後、１９８８年度（藤田俊哉が２年生）は市立船橋を、ゴールキーパー川口能活を擁した１９９３年度は国見を下し優勝した。ここは、名将・大滝雅良監督に「教えることは何もない」といわしめた風間八宏の出身校でもある。

が、学校統合によって２０１２年度末で庵原高校と統合、その後は同校跡地に静岡市立清水桜が丘高校が開校し、キヨショーがなくなったことに、清水区民はがっくりと頭を垂れている。

市を挙げた応援で静岡サッカーがある

キング・カズ（三浦知良）がブラジルへ渡るまでの8カ月だけ通った高校と知られ、葵区に所在するのが静岡学園高校。今や高校サッカーの強豪校で、選手権出場は藤枝東かキヨショーかシズガクか、という状況が近年続いていた。

また、1970年から始まった全国中学校サッカー選手権でも、静岡県勢は大活躍している。

記念すべき第1回を藤枝西益津中学校（藤枝市）が制すると、1979年から藤枝中学校が2連覇。で、われらが静岡市で初めて全国を制したのが、1982年の観山中学校となる。そして、その後が本当にすごかった。

1989年からの10年間で、東海大学第一中学校（現・東海大学付属翔洋高校中等部）が7度の日本一に、1991年は清水第五中学校が優勝し、現・静岡市勢が10年で8回優勝と異常なまでの強さを誇ったのだ。近年も静岡市の中学校が全国レベルであることは変わらず、常葉学園橘中学校が2003年に初優勝すると、2010年にもV。2009年には、静岡学園中学校が初制覇している。

こうした強さの背景には何があるのか。簡単にいえば歴史だ。

80年代には、静岡市と清水市の公立小中学校に夜間照明が設置され、清水市役所には「サッカーのまち推進室」という部署があったほど（現在の静岡市役所にも「ホームタウン推進室」がある）。とにかく熱の入れようが違うのだ。

実は野球熱もあるし女子バスケの強豪も

静岡市のスポーツは、サッカーにとどまらない。前出の静岡学園など、サッカーの選手権より先に甲子園出場を果たしたほどだ。

夏の甲子園では、戦前の１９２６年に静岡中学校（現・静岡高校）が優勝、戦後も静岡高と静岡商業高校が仲良く２回ずつ準優勝。春のセンバツでは静岡商が１９５２年に優勝するなど、時代背景もあるが、旧静岡市内にはサッカー少年より野球小僧がたくさんいた。というか、スポーツなら何でもＯＫな、運動能力の高さは、静岡市民の素晴らしきＤＮＡなのかもしれない。

そして、静岡野球のメッカといえば草薙球場（静岡県草薙総合運動場硬式野球場）だ。日本のプロ野球夜明け前、日米野球が開催され、沢村栄治がベーブ・ルースから三振を奪った舞台として知られる。近年までは、プロ野球パ・リーグのオールスター東西対抗戦が開催されていた球場である。

駿河区に本社を置く、シャンソン化粧品の女子バスケットボール部（現・シャンソンVマジック）も忘れちゃいけない。２０１１年までに獲得した日本一のタイトルは何と30。１９９０年代の黄金期にはリーグ戦１０８連勝、日本リーグ（Wリーグ）10連覇というすさまじさ。それだけに、近年のV逸がちぃと残念なのだけど、やっぱり今も静岡の誇りだ。

清水エスパルスのホーム・IAIスタジアム日本平。J2降格の憂き目をみたエスパルスだったが、わずか1シーズンでJ1復帰を決めた

静岡市コラム

駿府城の発掘調査 1

２０１６年９月、本書の取材も兼ねて静岡市の中心部をひと巡りしている最中、駿府城公園に立ち寄ってみると、たまたま園内で駿府城跡の天守台の発掘調査が行われていた。

静岡市は駿府城跡天守台（天守閣を載せる主に石垣や土塁作りの台）の整備方針の決定に向け、正確な学術データを得るため、２０１６年から２０１８年まで天守台の石垣の残存状況の確認や本丸掘の調査を行っており、さらに２０１９年からは今川期の遺構の調査も行われる予定だという。しかも調査中には期間を決め、発掘現場の一般公開もしているそうだ。訪れたときは残念ながら公開日ではなかったものの、現場に隣接している「発掘情報館」では現地から発見された遺物を見ることができ、歴史ファンの筆者にすれば何とも心躍るサプライズだった。

駿府城は1585年、徳川家康によって築城が開始された。翌年、家康は「三河・遠江・駿河・甲斐・信濃」の五カ国を支配する大名として、浜松から駿府へ本拠地を移す。その2年後の1588年、ようやく天守が完成して駿府城は完成間近となるが、秀吉の命で家康が江戸へ移封になってしまい、駿府城には豊臣方の武将（中村一氏）が着任。家康は完成した駿府城に入ることはできなかった。その後、関ヶ原の戦いで勝利した家康は、新たに異母弟の内藤信成を駿府城主に任命。そして江戸時代に入ると、家康は将軍職を秀忠に譲って駿府に隠居し、大御所政治を開始するのである。

駿府への隠居を決めた家康は、駿府城の大々的な改修（築城）と城下町の造成を指示した。

こうして天正期以来の2回目の築城工事は1607年7月3日に終了し、同日に家康はリニューアルされた駿府城に入城を果たした。ところがそれからわずか5ヵ月余り経った同年12月22日、大奥の布団部屋で使用していた手燭の火が原因で出火。御殿や天守閣が燃え上がり、駿府城の主要な建物が全焼してしまったのだ。家康は直ちに再建工事の命令を出し、江戸城で使用される予定だった木材も駿府へ運ばせた。こうして1610年に再び天守閣が完成する。ところがだ。1635年に城下町で起きた火事が城内に飛び火して、またまた御殿と天守閣が焼失してしまったのである。その後、駿府城の天守閣は再建されることはなかった。徳川家による支配体制が盤石となり、戦や権威の象徴だった天守閣はもはや必要ないというのが理由だったようだ。

さて、現在進行中の天守台の整備計画だが、どうせなら天守台だけじゃなく、天守閣も復元すればとも思ったが、天守閣の構造を確定できる資料が見つかっていないこと、さらに江戸城より巨大だったとされる駿府城の天守の復元には莫大な予算が必要なこともあり、実現は無理だという意見が大勢を占めているという。4回目の築城はやはり夢のまた夢なのだろうか？

第2章
由緒正しき静岡市の歴史

創世神話まで遡る静岡史で嫌今川・親徳川の理由とは?

意外と新しい登呂遺跡の歴史

静岡の歴史は古い。『古事記』や『日本書紀』に出てくるヤマトタケルゆかりの地名（焼津、日本平、草薙など）が各地に残っているくらいだから、その歴史は日本創世神話の時代まで遡れる。

とはいえ、住民にとってもっとも馴染み深い「最古の歴史」といえば、やはり登呂遺跡だろう。市内で育った者であれば、誰しも学生時代に遠足や社会科見学で訪れたことがあるハズだ。復元された竪穴住居でかくれんぼをした経験もあるのでは?

駿河区の南部にある登呂遺跡は、農耕集落跡で住居や倉庫、水田の跡などが見つかっている。弥生時代の遺跡なので歴史教科書の最初のほうの頁に出てくるから、全国的な知名度もバツグンな国の特別史跡だ。竪穴式住居が近隣の中学生にイタズラされてニュースになったのも記憶に新しい。

意外と知られていないが、この登呂遺跡が発見されたのは、比較的最近のこと。第二次大戦中の１９４３年、登呂の水田地域に軍需工場が建設されることになった。このときの工事中に多数の木製品が出土し、さらに水田の遺構が見つかったのである。「静岡の先祖」たちは、それまで子孫に顧みられることもなく、密かに土の下で眠り続けていたわけだ。１９４５年の静岡大空襲によって一部は損傷したが、戦後に竪穴式住居などが復元され、１９５５年に静岡考古館（現在の登呂博物館の前身）が開館。ようやく市民が歴史を肌で感じられる施設となった。

静岡市民にとって今川時代は黒歴史？

自分たちの歴史に対して無頓着なのは、過ぎた出来事を「しょんねぇ（仕方ない）」と割り切る静岡マインドのなせる業か？　なかでも静岡で「黒歴史」扱いされているのが、今川時代である。

何しろ今川義元のイメージが悪い。ドラマや小説では、織田信長の奇襲で命を落とすマヌケな役どころとして描かれることが多いため、好印象を抱けないのもやむなし、といったところか。いっぽう、徳川家康に対しては、絶対的な好意を寄せている。市内の大型書店に足を運べば、必ず家康コーナーが用意されているほどだ。「嫌今川、親徳川」が一般的な静岡民の感情といえるだろう。

とはいえ、静岡の文化的土壌を築いたのは、間違いなく駿河今川氏だ。もともと静岡県は、旧国では伊豆、駿河、遠江に分かれていた。現在の静岡市は、このうちの駿河の中部に位置しており、鎌倉時代以降、駿河は今川氏によって統治されてきた。時代は下って室町時代の後期になると、今川氏はいち早く戦国大名化する。幕府の権威をアテにせず駿河を実力で支配すると、中央の戦乱を避けた公家や文化人を保護した。そして義元の時代には最盛期を迎え、その支配力は駿河、遠江、三河（現在の愛知県東部）の三国に及んだ。江戸時代の駿河の繁栄は、今川時代の遺産があればこそ、といっても過言ではないのである。

いまも息づく徳川プロパガンダ

家康が幼少期に今川家の人質であったのは誰もが知るところ。この幼少期は「不遇の時代」と伝えられるが、本当にそうなのだろうか？　幼少期の「辛い思い出」の場所をわざわざ隠居の地として選ぶものか、はなはだ疑問だ。

事実、今川家では家康をかなり厚遇していた。ゆくゆくは、次の当主・氏真（義元の長男）の片腕的な存在となるように英才教育が施されていたのである。それが桶狭間で義元が討死すると、すぐさま今川と手を切って信長と同盟し、後に今川を攻め滅ぼすのだ。

このままでは、確かにイメージが良くない。どう見ても家康のほうが恩知らずだ。徳川側からすれば「不都合な真実」であり、徳川幕府にとって今川は悪役でいてくれなくては困る。現在の静岡民の「嫌今川、親徳川」は、400年前の徳川幕府のプロパガンダが脈々と受けつがれてきた結果ではないか。何も歴史を斜めに見ているわけではない。歴史ブームの昨今、この機会に静岡市民は、今川時代に目を向けてはどうだろう？

静岡県の主な歴史（古代～今川家滅亡）

年代	出来事
旧石器時代	浜北人が生息していたとされる
縄文時代	三ヶ日人が生息していたとされる
弥生時代	登呂遺跡などの集落ができる
3～4世紀頃	県内最古とされる新豊院山2号墳などの古墳が多く造られる
680年	伊豆国が設置される
7世紀頃	朝廷が珠流河国造と廬原国造を合わせて駿河国をつくる
769年	庵原郡大領となった庵原首麻呂が駿河国の国造となる
781年	史料で確認できる最古の記録として、富士山が噴火する
8世紀初期	律令制により、遠江・駿河・伊豆の3国が置かれる
819年	遠江国分寺が火災で焼失
836年	伊豆国国分尼寺が火災で焼失
平安時代後期	入江維清が駿河国有渡郡入江（現清水区入江）を拠点として入江氏を名乗る
1158年	これ以降、平重盛ら平家一門が遠江の国司を務める
1160年	源頼朝が伊豆の韮山に流刑される
1180年	富士川の戦いが起きる
1185年	これ以降、北条氏が伊豆国や駿河国などの守護となる
鎌倉時代	安倍川流域で茶の栽培が広まる
14世紀	今川氏が駿河の守護大名となる
1501年	今川氏親が遠江守護だった斯波義寛らと交戦
1508年	今川氏親が遠江の守護となる
1517年	今川氏親が遠州を平定する
1537年	今川家の家督を継いだ義元が甲斐の武田信虎と同盟を結ぶ（甲駿同盟）
1554年	今川義元が甲相駿三国同盟を結ぶ
1560年	今川義元が織田信長に敗れ、徳川家が今川家から独立する
1568年	今川氏真が治めていた今川領に武田信玄、徳川家康が攻め入り、今川領が崩壊

※各種資料より作成

徳川による駿遠豆三国時代から昭和の幕開けまで

江戸初期の繁栄と暴君・徳川忠長

江戸時代に入り家康が大御所政治を執り行うようになると、お膝元の駿府の町は大いに賑わいを見せた。当時の駿府の人口は10万人とも12万人ともいわれており、駿府九十六箇町は江戸15万人に匹敵するほどの、日本有数のメガシティに成長したという。そして、家康死後の１６２５年、徳川忠長が駿府城主となり駿府藩が成立した。忠長は三代将軍・家光の弟にあたる。静岡ゆかりの徳川家の人物としては、家康や慶喜に比べると知名度は圧倒的に低く、歴史マニアでもなければ名前を聞いたこともないだろう。しかし、この男が、その後の駿府の歴史を大きく変えてしまった。

忠長はとにかくエキセントリックな人物だった模様だ。浅間神社のある賤機山で神の使いとされる猿を狩ったり、住民を無差別に殺害したり……。やりたい放題のハチャメチャぶりは、目に余るほどだった。後世の創作物でモチーフとされることが多く、近年ではアニメ化もされたヒット漫画『シグルイ』(原作：南條範夫、作画：山口貴由、秋田書店)にも暴君として登場している。

やがて忠長は幕府から咎められ、1632年に改易。駿府藩は成立からわずか7年で廃藩となった。実際に忠長が暴君だったかどうかは定かではない。政争に敗れてハメられた、と見るのが現実的だろうか。いずれにせよ、この廃藩以降、駿府には大名が置かれず、幕府直轄領としてそのまま幕末を迎えた。

幕府直轄領となったのが、駿府には致命的な痛手となる。大名がいないのだから、当然のことながら武家人口は大幅に減少した。武士が減れば、彼らの生活を支える町人もまた仕事を失うことになる。かくして駿府の町は大きく衰退し、一時期は大御所時代の10分の1にまで人口が低下したともいわれている。

とはいえ東海道の宿場町のなかでは比較的大きな部類だ。しかし、かつては江戸に匹敵するほどの規模を誇った、ということを考えると、「大都市になりそこねた町」との印象は拭えない。やがて明治維新を迎えると、駿府は静岡と改称し静岡藩に。そして、駿府代官屋敷（現在の料亭「浮月楼」）には徳川宗家が移ってきて、家達が初代の静岡藩知事に就任する。

だが、駿府は大きな都市ではなかった。そこへ旧幕臣や一族郎党が押し寄せたため、静岡の財政はあっという間に悪化する。静岡からすれば降って湧いたような災難といえるが、徳川家に翻弄され続けるのも静岡の伝統だろう。

この窮地を救ったのは徳川慶喜の人脈だった。旧幕臣にして「日本資本主義の父」といわれる澁澤榮一が静岡の財政再建を担当した。結果、静岡は明治新政府が推進する殖産興業政策に、うまく便乗することができた。

都市近郊の農業都市での商業的農業を成功し……というと堅っ苦しいが、要は製茶でひと山当てたわけだ。

静岡市の第一次産業の就業人口比率は、２００５年の国勢調査で３・３パーセントと当時の政令指定都市トップ。２０１０年には、新しく政令指定都市となった浜松市や新潟市、岡山市の後塵を拝す4位に転落したとはいえ農業市、茶イズムに変わりはない。

静岡県の主な歴史（徳川の時代〜第二次大戦）

年代	出来事
1570 年	徳川家康が本拠を浜松城に移す
1575 年	長篠の戦い
1582 年	徳川家康が駿河、遠江を含む 5 国を支配する
1590 年	徳川家康が駿府から江戸に移る
1607 年	徳川家康が駿府城に移り、大御所政治を行う
1616 年	駿府城で徳川家康が死去
1617 年	久能山東照宮が完成する
1854 年	日米和親条約により、下田の港が開港される
1868 年	駿河府中藩が置かれる
1869 年	駿河府中を静岡に改名
1871 年	廃藩置県で静岡藩が静岡県になり、浜松県も誕生する
1876 年	足柄県の伊豆部と浜松県が静岡県に編入され、現在の静岡県となる
1878 年	伊豆諸島が東京府に移管される
1883 年	静岡と清水の間で電信が開通
1886 年	静岡県の人口が 100 万人を突破
1888 年	東海道本線大府 - 浜松間が開業
1889 年	東海道本線国府津 - 静岡間、静岡 - 浜松間が開業。御殿場線が全線開業
1908 年	静岡鉄道静岡清水線が全線開業
1915 年	静岡県の人口が 150 万人を突破
1924 年	伊豆箱根鉄道駿豆線が全線開通
1927 年	遠州鉄道鉄道線が全線開業
1928 年	身延線が全線開業
1931 年	大井川鐵道大井川本線が全線開業、NHK 静岡放送局が開局
1937 年	飯田線が全線開業
1938 年	県内人口が 200 万人を突破、伊東線が全線開業
1940 年	天竜浜名湖線が全線開業
1941 年	静岡新聞が創刊
1944 年	東南海地震発生

※各種資料より作成

久能山東照宮の本殿裏、50メートルほどのところに鎮座する神廟。徳川家康の墓所である

大政奉還後は静岡暮らし 慶喜公に見る静岡らしさ

「駿河ボケ」したかつての征夷大将軍

徳川慶喜といえば、大政奉還で政権を返上し、260年以上続いた徳川の世に終止符を打った徳川幕府の最後の将軍である。

しかし、歴史の表舞台を降りた人物の「その後」が語られることはほとんどないものだ。静岡民にとっては常識だが、大政奉還後に慶喜が静岡に移り住んだことは、全国的な常識ではない。

1868年、静岡に移った慶喜は、最初は常磐町の宝台院で謹慎生活に入った。翌年には謹慎処分が解かれ、勝海舟の勧めもあって紺屋町の元代官屋敷に転居。1897年に東京に移るまでの約30年を静岡で過ごしたのである。

静岡時代の慶喜は、外部との接触を極力控えていた。明治新政府のことは、世間話に出すのも避けるほど徹底していたようだ。というのも、慶喜の知名度を政治利用しようとする者は多かったからである。うかつに彼らと接触すると、反政府活動に担ぎ出されたり、徳川宗家が取り潰される危険性が生じてしまう。事情を知らない元幕臣のなかには、政治的野心を表に出さない慶喜に対し、不満を口にする者も少なくなかった。

では、慶喜は息を殺すように引きこもっていたのか……と思いきや、そうではない。当時の住民の証言を拾うと、まさに正反対。静岡独特の「まったり」感にすっかり毒され、悠々自適の生活をエンジョイしていたようだ。駿河湾の温暖な気候で心も体もの～んびりした生活を揶揄していう、いわゆる「駿河ボケ」の体である。

まったり慶喜のアクティブ静岡生活

慶喜が静岡生活でハマったのは狩猟だった。鷹狩り好きは家康以来の徳川家の伝統だが、慶喜は投網漁業にも熱心であったそうだ。舟を出して川に出て投網を使うのだが、あるとき投網に失敗して川に落ちてしまった。よほど悔しかったのか、以来、自宅の庭で投網の稽古をするようになったそうだ。のちに清水港まで出向くようになったというから、すさまじいまでのご執心ぶりである。

また、慶喜は「洋癖」と揶揄されるほどの西洋かぶれだった。とにかく新しいもの好きで、弟の昭武が写真撮影に凝り出すと、それに影響されて慶喜もカメラにどっぷりとハマる。静岡の写真師・徳田孝吉に師事し、久能山や安倍川鉄橋など、静岡のあちらこちらを撮影して回った。アナタの先祖も、慶喜の撮った写真に収められている可能性があるぞ。

静岡の文明開化はケイキ様より始まる⁉

慶喜は自転車も大好きで、よくサイクリングに出かけていたそうだ。その様子は、当時の地元紙『静岡大務新聞』の1887年2月5日付けの紙面にも記録されている。

あの時代の自転車といえば、前輪が巨大で後輪が補助輪のように小さい、チャップリンの映画に出てくるアレだ。まだ日本では珍しかったが、子息の分と合わせて合計3台を東京の業者に発注。自転車で静岡市内を駆け回った。静岡の住民からすれば、江戸から前将軍がやってくると戦々恐々としていたことだろう。それなのに、あにはからんや、洋服を着た男がチャップリン自転車にまたがり、その後からお付きの人が駆け足で追いかけてきたりするのだ。しかも、見慣れない器械（カメラ）を操作しているのだから、それはもう愉快だったろう。

このような生活を送っていたため、旧幕臣からの評判が良くなかったのもうなずける。しかし一方で、静岡住民からは「ケイキ（慶喜）様」と呼ばれ慕われていた。静岡の歴史上、もっとも民衆から愛された人物のひとりだ。

このように、明治時代の静岡の人々は、慶喜を通して新時代の訪れを肌で感じた。「静岡の文明開化は慶喜から」といっても、決していい過ぎではないだろう。静岡人が今も自転車を愛し、生活必需品としているのは、もしかしたらこの頃の記憶が根底に息づいているから……なのかもしれない。

第二次世界大戦を経て新たな発展を遂げた静岡

苦難が続いた「昭和」 地震・空襲でズッタズタ！

昭和に入ってからの静岡は苦難の連続だった。まず、1935（昭和10）年7月11日、マグニチュード6・4の静岡地震が発生。発生直後の状況は作家・寺田寅彦が『静岡地震被害見学記』に詳細を記している。それによると、被害は局所的だった模様で、主に現在の駿河区と清水区が被災した。震源地に近い駿河区南部（大谷や高松）では、3割近い家屋が全壊したという。

そして1940（昭和15）年1月15日には静岡大火が発生。新富町から発生した火災は強風にあおられて広範囲に延焼し、市街地を焼き尽くした。被災者は3万人近くに及んだ。

ようやく大火から復興しつつあった１９４５（昭和20）年、今度は米軍による大規模爆撃を受けたのである（静岡大空襲）。当時の静岡は、駿府城址に陸軍歩兵34連隊（通称「静岡連隊」）の駐屯地があり、さらに高松から小鹿方面には軍需工場があったため、米軍のターゲットにされてしまった。６月19日の深夜から20日未明にかけて３時間もの爆撃を受け、死者約２０００名、負傷者約５０００名、焼失戸数２万５０００戸超と未曾有の被害を出し、静岡市は焼け野原になってしまった。80歳を超える地元の古老に当時の話を聞くと「町全体が真っ赤に燃えて火の海のようだった」というから、その光景は想像を絶する。かくて、度重なる災害と空襲で、駿府〜静岡と江戸時代から続いてきた城下町は、完全に姿を消した。

静岡の戦後復興と「ものづくり」都市の形成

戦後の静岡は、文字通りゼロからのスタートとなった。政府の定めた「戦災復興土地区画整理事業」を利用することで国から財源を引っ張ることに成功すると、青葉通りや常磐公園などを建設。現在の市中心部のレイアウトは、このときに整えられたのである。

戦後復興を支えた産業としては木工業が挙げられる。静岡にとって好都合だったのは、明治以降、都市近郊型の商業的農業を推進してきた点だ。市街地が壊滅しても、近郊はさほどダメージを受けることがなかった。そのため、主要産業はいち早く立ち直ることができたのである。

とりわけ材木は、戦災復興のための建築用材として全国的な需要が高く、静岡では製材業が飛躍的に発展した。昭和40年代生まれまでの世代の静岡民であれば、その昔、市内の至る所に材木置き場が溢れていたのを覚えているだろう。

また、製茶業も大いに発展を遂げた。戦前は海外への輸出品がメインだったが、戦後は国内のニーズに対応するようシフトし、今日における「静岡ブランド」を築き上げたのである。

郊外が活性化し、市街地が整備されてくると、もともと手に職を持っていた職人たちも働きの場を得ていく。ひな人形、家具、漆器などの手工業分野が成長し、「ものづくり」都市としての性格が形成されていったのだ。何だかんだいっても、一面焼け野原から復興を果たした静岡のポテンシャルは、侮れないモノがある。

未来は見えなくても「何とかなる」の⁉

高度経済成長期を終えると、木工製品の需要は著しく低下。市内のあちらこちらで見かけた製材工場や材木置き場は、次々と姿を消していった。さらにオートメーション化が進んだことにより、雇用も減少。働き口がなければ、当然のことながら、若者は都市部へと流出してしまう。ハッキリいって、このままではジリ貧だ。

しかし、2011年2月、静岡市議会の定例会において提出された「静岡市ものづくり産業振興条例（案）」が全会一致で可決。行政側はあくまで「ものづくり」にこだわり続けるようだ。

実際のところ、静岡市は平野部が限られているため、工業化も商業化も難しい。都市近郊型農業と「ものづくり」に活路を見出していくしかない。そうは

1937年に竣工した静岡県庁。その後、静岡市は静岡大火や静岡大空襲に見舞われたものの、県庁舎に大きな被害はなかった

いっても「じゃあ何をつくるの?」と問い返したくなるのが、ごく一般的な反応だろう。

とはいえ、市民はさほど将来に対して危機感を抱いていない様子だから逞しい。市内を取材していても、誰もが「まぁ、なるようになるんじゃないの?」と他人事だ。鈍感なのかマイペースなのか、とにかくこれこそが伝統的な静岡のマインドなのだろう。焦って迷走するよりは、結局は21世紀になっても「鳴かぬなら鳴くまで待とうホトトギス」なのだ。

静岡県の主な歴史（戦後～ 2012 年）

年代	出来事
1949 年	静岡大学が開校
1951 年	静岡県の人口が 250 万人を突破
1952 年	ラジオ静岡が開局
1953 年	岳南鉄道が全線開業、静岡競輪が開催
1954 年	ビキニ環礁で水爆実験に遭遇した第五福竜丸が焼津港に帰港
1958 年	静岡放送（テレビ）が開局
1959 年	大井川鐵道井川線が全線開業
1961 年	伊豆急行線が全線開業
1964 年	東海道新幹線が開業
1966 年	袴田事件が発生
1968 年	静岡県の人口が 300 万人を突破。金嬉老事件が発生。東名高速道路が一部開通
1969 年	東名高速道路が全線開通、日本平動物園が開園
1979 年	東名高速日本坂トンネルで火災事故
1980 年	静岡駅地下街でガス爆発事故が発生
1983 年	静岡県の人口が 350 万人を突破
1987 年	静岡県立大学が開校
1989 年	「SUNPU 博 89」が開催
1992 年	第 1 回大道芸ワールドカップ in 静岡が開催
2003 年	旧静岡市と旧清水市が合併して静岡市となる
2005 年	静岡市が政令指定都市となる 伊豆の国市が誕生
2007 年	浜松市が政令指定都市となる
2009 年	静岡空港が開業。静岡沖地震発生
2010 年	久能山東照宮の社殿が国宝に指定される
2012 年	新東名高速道路が一部開通

※各種資料より作成

静岡市トピックス

静岡と清水を隔てる日本平エリア

清水区と駿河区のあいだには広大な有度丘陵（通称「日本平」）が広がる。太平洋に面した南側の駿河区方面には徳川家康を祀った久能山東照宮があり、丘陵中腹には日本平動物園、そして北側には静岡県立美術館や草薙総合運動場などの県営施設がそろい、清水区方面には清水エスパルスのホームグラウンド・アウトソーシングスタジアム日本平があるのだ。こうして列挙すると、あたかも一大レジャーパークのように感じられるが、山の斜面にへばりつくようにして各方面に施設があるので、それぞれの行き来は不便きわまりない。休日の一日を費やして、このエリア全体を楽しむ……といったテーマパーク的な楽しみ方は、残念ながら不可能だ。

日本平山頂からは駿河湾が一望でき、さらに富士山を目の前にとらえることができる。その眺望は、1959年に国の名勝に指定されたほどだ。なお、日

全長1065メートルのロープウェイは乗車時間約5分。夏季と冬季でダイヤが異なる

本平山頂と久能山東照宮はロープウェイで結ばれている。２００７年には開業50周年を迎えた、歴史あるロープウェイだ。眼下に森林が広がるので、新緑や紅葉の季節だと素晴らしい景色が楽しめる。大晦日から元日にかけては、山頂で初日の出を迎え、ロープウェイで久能山に初詣に向かうのが市民にとって伝統的な新年の迎え方となっている。外部に向けて「観光名所」というのは上手じゃないが、久能山東照宮は２０１０年に社殿が国宝指定を受けて、徐々に客足を増やしている。

静岡市コラム②

久能山・勘介井戸のまか不思議

久能山は、有度丘陵（日本平）の南端に位置する小高い山だ。駿河湾に面した絶壁のようなロケーションであり、1159段もの石段（地元の人は「イチ・イチ・ゴクローサン」と覚える）を登った先には、2010年に国宝指定された社殿が待ち構えている。ご存知、徳川家康を祀った久能山東照宮だ。駿府城で亡くなった家康は、当初、久能山に埋葬された。その際に社殿が建築され、久能山は東照宮となったのである。のちに家康の遺骸は日光東照宮（栃木県日光市）に移葬された……らしい。しかし、御霊のみを移し、遺骸はまだ久能山に残されているのでは？　と、昔からまことしやかに伝えられている。

家康以前の時代、久能山には寺があった。そして武田信玄が駿河を領有するようになると、その寺を移設し、この地を城砦化して久能城を築城した。現在も、久能山東照宮の一ノ門をくぐった右手には、この頃に掘られた深さ33メー

トルの井戸が残されている。
この井戸の脇には「勘介井戸」の碑が建っている。勘介とは、武田信玄に仕えた軍師・山本勘助だ。そしてこの井戸は、勘助が掘ったものと伝承されている。山本勘助といえば、2007年のNHK大河ドラマ『風林火山』の主役であったため、その知名度は現在でも高い。一説には「ヤマ勘」の語源になった人物ともいわれている。
しかし、ここで疑問が生まれる。武田信玄が駿河を領有したのは、1568年のこと。しかし、山本勘助は1561年の川中島の戦いで討ち死にしたといい伝えられている。いったいどうすれば、死者が井戸を掘ることができるのだろうか？

もっとも、山本勘助自体、かなり謎の多い人物だ。つい最近まで、軍記物や講釈で創造された伝説上の人物とするのが通説であった。ところが近年になって、信玄が勘助に宛てた書状が発見され、ようやく「それらしき人物がいた(らしい)」ところまで分かってきたのである。勘助の生涯はほとんど判明していないので、もしかしたら川中島の戦いで死ななかったのかもしれない。いずれにせよ、こんな崖上に社殿を造ったり、井戸を掘ったりしたのだから、昔の人のバイタリティにはあきれるやら頭が下がるやら……。400年記念大祭を機に参拝を予定している方は、ぜひ「勘介井戸」も忘れずにチェックしておこう。

第３章
「なんとかなるさ！」の静岡気質ってどうなの⁉

自然と歴史が育んだ平和ボケと高いプライド

どうにかなるさ精神とプライドが高い市民性

「鳴かぬなら鳴くまで待とうホトトギス」

説明するまでもなく、徳川家康の忍耐強さを表現した句だが、この空気は今の静岡市にもしっかりと感じられる。

夜の両替町あたりは、呼び込みのほうが酔客よりもずっと多くて通るだけでも鬱陶しいし、観光客目当てにあざとい商売をする人だっている。現実にはいろんな人間がいるからすべてじゃないけど、「待っておきましょう」的な「の～んびり感」が、静岡市民の通奏低音として流れている。

とりわけ、東京の大学に進学するなど、一時的にでも市外（もっといえば県外）で生活していた人ならすごく分かるはずだ。ただしこれは、通常モード時。いっぽうで、頭が堅いというか、城下町のプライドの高さというのか、ヨソ様から静岡市について語られるのはあまり好きじゃない（いいことばかりなら嬉しいから聞く）。保守的な郷土愛はどの地にもあるとはいえ、「静岡市はいいところなんだから、余計なこといわないでよ」ってところか。これは周囲から、鼻高々なピノキオ・モードなどといわれる。

このように、いいも悪いも「まったり」していて、それでいて「プライドが高い」っていうのが静岡市民の特徴なのだ。

これらには、長く続いた安寧の日々、徳川時代に幕府直轄領だったことも起因しているのだろう。何せここは、家康が起居し、やがては慶喜も住んだ町なのだ。

かくして、どうにかなる、どうにでも生きていけるという現実と、家康や慶喜に縁のある地としてのプライドを同時に生んだ、というわけだろう。

もちろん、地域の温暖な気候が、のんびりした暮らし、気質を生んだのは疑いようがない。気候がよすぎるために、静岡人がのんびりしているのを揶揄した言い方として「駿河ボケ」って言葉があるほどだ。悪くいってしまえば平和ボケ、ということになる。

静岡市こそが静岡県のさみしいエリート意識

実際、市内で長く商売を営む主人は、次のように語ってくれた。

「おいしい魚介類は駿河湾で獲れるし、お茶や果物もある。食べ物には不自由しないし、昔から、お茶だけでなく、いろんな産業が栄えていて、材木屋、家具にサンダル屋なんかの職人がいて、町は賑わっていましたからね。要するに、背伸びさえしなければ、無茶な商売さえしなければ、どうにでもなる、何かしら仕事には就けたっていう風土があります。だから、わざわざ外へ出ていかなくても……静岡にいれば十分じゃないかっていう人がたくさんいた。あとはそうだねぇ、県の中心地っていう優越感みたいなものも、ないといったらウソだろうねぇ。浜松へのライバル心もね。とにかく、昔から静岡人には、静岡市にいれば、どうにかやっていけるっていう意識も土壌もあったと思うよ」

こう聞くと、人心の底を流れるエリート意識っていうのも本当だろう。そもそも静岡市にとって西（浜松）は名古屋圏、東（伊豆）は東京圏、挟まれた静岡市は独立国家、中部のわれらこそが静岡県の代表という、さみしいエリート意識があるんじゃないのか。大海を見ず、我こそはという意識。

もちろんこれ、「やせ我慢」的なエリート面ではなくて、県西の都「浜松へのライバル心」が根底にある。それだもの「江戸っ子は五月の鯉の吹き流し」的なさわやかさは欠片もない。

と、ちょっと意地悪く書いてしまったが、これはまた郷土愛という言葉に置き換えられもする。

そうなのだ、静岡市民は、静岡市のことが、あるいは静岡市民のことが大好きなのだ。静岡県というよりも、静岡市を愛している。昨今、聞かれなくなった地元を愛する心である。そうした気持ちをなくさずに、温厚な気候と相まって、できるだけの〜んびり生きていく、それが静岡市民の目指すところなのだ。ときにはもう少し大局で、広い視野で自分たちを見ることも大切だけどね。

市内でも屈指の一等地として知られる呉服町。静岡市民としてのエリート意識は相当にある町だ

どっちが表でどっちのもの⁉ 山梨との結論なき富士山論争

富士山４００年戦争　もはや結論は無理⁉

「娘子の裾をめくれば富士の山　甲斐で見るより駿河一番」

江戸時代の狂歌である。実に見事なキレ味だが、視点を変えると、当時から富士山は甲斐国のものなのか、駿河国のものなのかが論じられていたことを示唆している。今なお続く「静岡ＶＳ山梨の富士山論争」は、これを見るに富士４００年戦争というわけだ。

日本最高峰の富士山はどこに帰属するのか。どの向きが表で裏なのか。さっそくだが、一般的な静岡市民の意見から紹介しよう。

「富士山は静岡県。全国のイメージ的にそうでしょ？　茶畑と富士山、日本平から見た富士山、どれも静岡です」

「富士山は静岡の象徴。写真や一風景で見たら、山中湖岸とか富士五湖（山梨側）から見た富士山は美しいとも思いますけど」

いずれも予想通りの回答だ。では山梨側はどうか。いうまでもなく、「富士山は山梨だろ！」と即答である。いわゆる平行線。

実際、富士山が所在する自治体名を挙げると、静岡県は富士宮市、裾野市、富士市、御殿場市、駿東郡小山町の4市1町。対する山梨県は、富士吉田市と南都留郡鳴沢村。数の論理ではないが、自治体数では静岡が圧倒している。

そもそも、古代では「富士山＝駿河国」とするのが一般的だったようだ。実際に「高く貴き駿河なる富士の高嶺を」（山部赤人『万葉集』）や「駿河の国にあるなる山なむ」（『竹取物語』）など、古代の書物には数多く見られる。

しかし、「富士」五湖はいずれも山梨県に所在しているし、なかでも山中湖畔から見る富士山は、左右の稜線に見えるコブから、「大相撲の不知火型の土俵入りの最後のせり上がりに見える」として地元自慢の富士山なのだ。

とまぁ、東西で意見が割れるのは、両県にまたがっているんだから当たり前。

新幹線で通り過ぎるだけでも、富士山が見えるとありがたい気持ちになるのだから、どっちの県も「富士山はウチの県！」といいたいのは分かる。

表か裏かはすっきりと静岡側こそが表富士！

では、表富士とか裏富士という表現はどう理解すべきなのか。

山小屋や登山道の道標に「表口」「裏口」などとあるから、ご存じの方も多いだろう。これは江戸時代の地図（登山案内図）にも、南からの頂上部に「するが口表」といった注記が認められ、当時から富士山の南面が表という認識があったと分かる。これにのっとれば、静岡側の富士山が表富士、山梨県側が裏富士だ。山に表も裏もないが、そういうことになる。加えれば、世を平定した徳川家康が、山梨ではなく静岡にいたことも後押しするだろう。

「一富士、二鷹、三茄子」とは、縁起のいい夢を順に並べた言葉であり、これはもともと駿河国のことわざだ。由来には諸説あるが、駿府にいた徳川家康が「高いもの」を順に並べたという説がひとつ。初ナスの尋常ではない値段をして「まず一に高きは富士なり、その次は足高山（愛鷹山）なり、その次は初茄子」という解釈。ほかには、単に駿河の名物を並べただけという説もある。ここでの鷹は文字通り、鳥の鷹だ。

由来がいずれでも、駿府の家康がいった言葉となれば、山梨側には申し訳ないが箔がつく。まして後者の由来を採用すると「静岡にとって一番の名物」は、紛れもなく、静岡側から見た富士山となる。表か裏かの争いは、歴史的にも静岡に軍配、ではないかな。

が、どちらに帰属するかは決着しない。だいたい、静岡にあった富士川町は2008年に富士市へと編入合併し市名が消えたかと思いきや、2010年、増穂町と鰍沢町が合併して山梨県に富士川町が誕生するなど、富士問題は論理を超越している。ここはひとつ両県仲良く、が一番なのだが……。

※　※　※

富士山の帰属権を巡る争いは、2013年6月26日の世界文化遺産登録を機に、さらに激しさを増している。世界遺産登録直後には、永遠のテーマともいえる「富士山がきれいに見えるのはどっちか？」論争が白熱したし（結局静岡も山梨も相譲らず平行線に終わったと記憶している）、２０１５年には富士山頂の住所を静岡県富士宮市と表記した国土地理院に対して山梨県がイチャモンをつけている。

しかし厳然たる事実として、もっとも入山者が多い登山口は山梨県側にある吉田口だ。富士山には４つの登山口があり、静岡県側には富士宮と御殿場の２つの登山口があるものの、この２つを合わせても吉田口からの入山者数のおよそ半分程度である。

この問題が決着をみることは今後もないだろう。ただひとつだけはっきりしていることは、静岡市民にとって富士山はやはり自慢のタネで、地元出身者の多くは「静岡市内から見る富士山が一番好き」ということである。

知らぬは我ばかり しぞーか市民はなまってる!?

なさそうで実はある　少しオカシイ静岡方言

静岡県の方言には、遠州弁と駿河弁がある。静岡市は駿河（現・静岡県中東部）の文化圏に属するため、静岡市民の大半は駿河弁を使う。もともと駿河弁は関東弁と似ていたが、共通語の浸透によって差異が減り、現在では「もっとも共通語に近い方言」となった。

そのため、多くの静岡市民は、自分たちが方言を使っているという自覚がゼロ。なかには「いまどき方言なんて使うのは、一部の年寄りだけずら?」などという人もいるくらいだ。

しかし、気づいていないのは当人たちだけ。案外、現在でも駿河弁を使っているものだ。2007年、静岡県出身の女優・長澤まさみがドラマ『ガンジス河でバタフライ』（テレビ朝日系）の製作記者会見に臨んだ際のこと。インド・ロケに反対する父親（元ジュビロ磐田監督）と口論になったエピソードを披露し、「お互いにちんぶりかえった」とコメントした。報道陣の頭上に「？」マークが浮かび上がったのはいうまでもない。「ちんぶりかえる」とは、駿河弁で「すねる」の意味だ。

「ちんぶりかえる」ほどのパンチの効いたキラーワードは、現代ではほとんど使われることがない。とはいえ、幼少時に祖父母と同居していた経験があると、口伝されていたりする。なくなったようでいて、意外と残っているのが方言なのだ。ここでは、ネイティブ・スピーカーたちが無自覚に使っている、使用頻度の高い「現代・静岡方言」を見ていこう。

代表的な静岡方言　コレぐらい使うら？

現代静岡方言の代表選手ともいえるのが、語尾につく「だら」。

他者に「そうでしょ？」と同意を求めるときに「そうだら？」といった使い方が多い。県全体では「だら」が主流だが、市中心部では「だ」が省かれて「ら」のみとなり、港に近い地域では「ずら」が用いられる。

同じく語尾では「だよ」を多用するのも静岡ならでは。共通語では「動詞＋助動詞＋だよ」で「いくのだよ」「するのだよ」となるところが、静岡弁では助動詞が省略されて「いくだよ」「するだよ」となる。これは、男女ともに頻繁に使う。字面で見るとぶっきらぼうに感じるが、たいていの静岡人はのんびりと話すので、実際に耳にすると親しみやすい印象を受けるだろう。

反対に、相手によっては反感を抱かれかねないのが「ばか」。これは共通語の「馬鹿」の意味ではなく、「かなり」や「超」、英語の「ｖｅｒｙ」に相当する。だから静岡の女子校生は「ちょ〜ヤバくね？」とはいわずに「ばかヤバくね？」という。とにかく若者は何にでも「ばか」をつけたがるが、関西出身者にはいい顔はされないと覚悟しておこう。ちなみに「えらい」という静岡方言は、「きつい」とか「大変」という意味を指す。「ものすごく大変」といい表すときには「ばかえらい」となり、もはや他県出身者には「馬鹿」なのか「偉い」

のかサッパリ分からなくなってしまう。

他に特徴的なのは「だもんで」だ。元来は「といったわけで」と同様の接続詞的な表現だが、とにかく老若男女を問わずに使いまくる（愛知県でも一般的）。言葉に詰まったら、即「だもんで」だ。要するにコレ、最近の若者言葉の「ってゆーか」と同じなんですね。

静岡弁はアクセントにも特徴がある。全体を通して見ると平板な発音だが、「俺」や「嫌」などは前半の「オ」や「イ」にアクセントがある。頼まれごとを断るときには、前述の語尾「だよ」と結びつき「イヤだよ」となるが、これなどは関東人からはかなり特徴的に聞こえる模様だ。上京後の静岡出身者はよくからかわれるので、気をつけましょう！　もっとも、静岡の子どもがちんぶりかえって「イヤだよ」っていっているのは、ばかかわいいんですけどね。

発音がらみでは、とにかく固有名詞がリエゾン（連声）しまくるのもポイント。焼津は「やーづ」となり、藤枝は「ふじぇーだ」、学校の授業の体育は「たいーく」となる。そもそも自分たちの住んでいる静岡でさえ、「しぞーか」となるわけだ。

現在も使われている（であろう）主な静岡弁リスト

静岡弁	標準語	静岡弁	標準語
あくつ	かかと	すんみ、すんみ	少し、少しも
あずくみ	あぐら	しせせくる	さわる、いじる
あんてえ	あんた、あいつ	そらつかう	知らんぷりする
いかい	大きい	～だもんで	～だから
いぜくる	いじくる	～だら	～でしょ
いやくなる	腹立たしくなる	ちみくる	つねる
うざましい	大きい、甚だしい	ちょびちょびする	ちょっかいを出す
うなう	耕す	てごっさい	手に負えない、持て余す
えいかん（いいかん）	たくさん、ずっと	てんだう	手伝う
えれえれ	やれやれ	とぶ	走る
おじゃみ	お手玉	とんじゃかない	気にしない、無頓着な
おぞい	粗悪な、古い	なむない	役に立たない
おそかす	教える	なりき	いいかげん、ぞんざい
おだっくい	お調子者	ぬくとい	ぬるい
おとましい	恐ろしい	はあ	もう
おやす	汚す、痛める	はぐしゃれる	ふざける、おどける
かあかあしい	ひもじい	ばつ（ばっておく）	取る（とっておく）

静岡弁	標準語	静岡弁	標準語
かじくる	引っかく	はよる	流行る
がらい	つい、うっかり	ひづるしい	まぶしい
かんじい	かじかむ	ひる	乾く
くすがる	突き刺さる	ぶしょったい	汚い、無精な
くすべ	ほくろ	ぶそくる	ふてくされる
ぐれる	ひねる、ねじる	ぶっさらう	ぶん殴る
くろ	端、隅	ぼっ立つ	ボーッと立つ
ごせっぽい	せいせいする、すっきりする	まっと	もっと
こだくる	かき回す	ままい	どうぞ、何とぞ
さがしい	険しい、急な	まめったい	几帳面な、働き者な
さぼる、ひっさぼる	投げる、放り投げる	みるい	幼い、半生
～さら	～ごと	みんじり	しみじみ
～じゃん	～だ	もそぐ（ぼ）ったい	くすぐったい
しょぐなる	しゃがむ	やくたいもない	くだらない
しょずむ	つまむ	やっきりする	いらいらする、腹が立つ
しょろい	遅い	やぶせったい	うっとうしい
しょんない	しょうがない	ゆるせる	のんびりする
しらっくらしない	はっきりしない	らっかい	たくさん

※静岡県でも主に中部で使われている（使う方もいる）72語を掲載静岡県下はもとより静岡市内でも、
方言に地域差があることはご了承を
※各種資料より作成

永遠のライバル浜松市との嫌悪までいかない不仲事情

近そうで遠い「別の国」静岡と浜松の位置関係

２００５年、浜松市は周辺11市町村を合併。そして静岡市より2年遅れて、２００７年に政令指定都市へと移行した。これにより静岡県は、ふたつの政令指定都市を有することに。

この一件からしても、他都道府県人からは、静岡市と浜松市は何かと張り合っているように見える。静岡市と浜松市はライバルなんだ、と。確かにメディアでは、そのような対立構図で語られることが多いが、そこには一概に「嫌い」だけで割り切れない複雑な感情が絡み合っているのだ。

現在でこそ同じ「静岡県」の名を冠しているが、そもそも静岡（駿河）と浜松（遠江）はまったくの別物。隣同士とはいえ、大井川によって文化や言葉が隔てられていたため、「川を越えればヨソの国」といった感覚だった。明治維新後の廃藩置県では、いったんは浜松県が設置されたが、やがて静岡県と合併して今に至る。1947年9月4日付けの静岡新聞によると、終戦直後も「浜松県独立」の声は根強かったようだ。

そうした昔話はさておいても、静岡ー浜松間は東海道本線で70分強、片道1320円（2017年1月現在）かかる。庶民の感覚としては、思い立ってフラっと遊びに出かける距離ではない。この「近そうで遠い」心理的な距離感こそが、イマイチ両市が敵視できず、かといって歩み寄ることもできない間柄を生んでいるのだろう。では、実際のところ、静岡市民は浜松市をどう見ているのか？

世代によって大きく異なる静岡市民の「浜松の印象」

「やっぱり向こうは、なんにせよ『やらざぁ』（＝やろうぜ）って雰囲気があるだよ」とは、静岡市で茶卸業を営む70代の店主。

第二次世界大戦末期、浜松も静岡と同様に大空襲を受けたが、その焼け野原からヤマハやスズキ、河合楽器、丸八真綿といった全国的な企業が出た。戦後の高度成長期を経験した年配者は、一様に「若い頃は浜松に憧れた」という。静岡から浜松に出稼ぎに出た者も、当時は多かったそうだ。

それより下の40~50代だと、もう少し複雑な顔を見せる。人口も産業も、浜松の後塵を拝すようになってからの世代である。「浜松は外国人労働者が多い」とか「治安が良くない」とか、なかなか批判的だ。実際、外国人登録者数は浜松のほうが多いが、静岡にもアジア系の外国人は多く、人口比率で見れば大差ない。長年2番手に甘んじてきたせいで、浜松に対するやっかみが言葉の端々から感じられる。

これが30代以下になると、反対に静岡市への憧れが強い。浜松駅前の高校生たちは「静岡のマルキュー(109)に行きたい!」と無邪気にいったりする。何しろ浜松では、1994年に丸井浜松店が閉店、1997年に西武百貨店浜松店が閉鎖、そして2001年には地元老舗の松菱が巨額の負債を抱えて倒産……と、買い物事情は壊滅的。ファッションに敏感な若者世代は、「プチ渋谷化」する静岡が羨ましいようだ。

静岡の浜松に対する印象は、時代によって変化してきた。近年では、むしろ静岡側が優越感を抱いているようだ。とはいえ、いまだに産業面では浜松のほうが優勢。日本の産業をリードしてきた浜松の底力は侮れない。

いっそのこと、もう少しお互いに向き合ってガッツリ喧嘩でもすれば、何か新しい発展がありそうなものだが。と、無責任にあおってみるが「他人でもないが、身内でもない」両市の関係は、このまま変わらないんでしょうね。

※　※　※

相変わらず両市の対立をあおるような論調も多いが、市民レベルでいえば、お互いにあまり意識していないというのが本音である。本編でもあるように「他人でもないが身内でもない」というのが関係としては近い。

それでも県内を代表する二大都市だけに何かと比較されるのは確かで、近年は、静岡市の方が中心市街地が栄えていることもあってか、静岡市が断然優勢と見られてきた。しかし、２０１５年の国勢調査（速報値）の結果、静岡市の

今でこそ同じ静岡県だが、そもそも静岡（駿河）と浜松（遠江）は別の国。ライバル都市といっても、お互いに接点はあまりない

人口は70万5238人と、前回の調査と比べてなんと1万959人も減ってしまったのである。対する浜松市は人口が80万人を割ってしまったものの、減少率は0・3パーセント程度に止まっている。

静岡市の人口については静岡県知事が「人口70万人を切ったら政令市の資格はない！」と述べ、県・政令指定都市サミットでも同知事は「静岡市は政令指定都市としては失敗事例」とかなり過激な発言をするなど、浜松市を差し置き、静岡市と静岡県の対立が激化している模様。静岡市は今、「対浜松」なんていっていられない厳しい状況にある。

観光客もビジネスマンも呼ぶ気がないようなほんわか感

あんまり人がこないからホテルも少ない!?

「静岡は気候もいいし、産業もある県の中心。わたくしどもはお客様あっての商売ですが、静岡市は、何だかのんびりしたところがありますからねぇ」

これは「観光やビジネスで他県から人を呼ぼうっていう雰囲気はあまりないですかねぇ」という不躾な問いに対する、市内の某ホテル、観光客から出張族まで、日々いろいろな客の相手をしているホテルマンの声だ。やっぱり静岡人の気質は、「の〜んびり」がキーワードなんだよね。

そうはいっても、少子高齢化時代、いかにしてヨソから人を呼び、観光やビジネスでお金を落としてもらうかは地方の重要課題だ。とりわけ観光は、地産地消でやりくりできる問題じゃない。だって、どこの地元民が、地元の観光名所を巡りますかい？　歩いたところで、宿泊も夕飯も自宅なんだから、地元を盛り上げるほどの効果は期待できない。

というか静岡市民は、地元を熱心に歩いたりもしないようだ。

「ゴールデンウィークなんか市内はガラガラ。外から観光客はあまりこないし、静岡市民は熱海や伊豆とか、近場の温泉なんかにいっちゃうんだよ」と、この道20年というタクシー運転手。

ふむ、いわれてみればそうかもしれない。大勢の観光客を、大型連休に見かけるイメージはない。

で、いったいぜんたい、本当に静岡市は人をあまり呼ばず、呼ぶ土台もないかを検証してみた。

まずは、出張族のビジネスマンらが使うであろう、いわゆる「ビジネスホテル」に分類されるホテルの数を調べると、全国に20ある政令指定都市のうち、静岡市は93で14番目というデータ。関東の川崎市やさいたま市よりも多いじゃないか、と喜んでいてはいけない。前者は横浜や都心に、後者はいうまでもなく都心から近い都市。出張地に泊まるところが少なくても、出張族はあまり困らないのである。

ひるがえって静岡市。やっぱり数は少ないが、それで済んでしまっているというべきか。人がこないんだもん、不要である。

立地も不利だけど客を呼べる術あり！

続いて「平成21年度 静岡県観光交流の動向」（静岡県文化・観光部観光局観光政策課）や静岡市のホームページによれば、静岡市にやってくる観光客（入込客数）は、2003年以降、年間2000万人を超えて、近年はおおむね2500万人ほどで推移している。

が、市内での宿泊客数は140万人を超える程度で、相当数が、来たはいいけどお帰りになっている。率にすれば、宿泊客は観光客のたった7パーセントほど。たとえばこの数字、温泉地を抱える伊豆だと、年間約3900万人の観光客に対して宿泊客は約1000万人と、3人に1人は泊まっていく（200

9年度)。温泉は強すぎる武器で単純比較はむごいが、それにしても差があるねぇ。

「どうにかなるさ」の精神に下支えされた、のんびり・ほんわかした気性が、PR下手につながっている側面は大いにあるが、東京や名古屋へほど近い、とくに大都市・東京とは新幹線で1時間ちょっとという立地が災いしているのも確か。「どうせなら箱根、伊豆、それじゃなきゃもっと遠くにいく」が東京人のフツーの思考だったりするからだ。また、運転好きな旅行者なら、静岡市には立ち寄るけど、宿泊は他地域へ足を伸ばして、となる。こちらは、県内の近隣に温泉地が豊富にあることが災いしている。

こうした事態を受けて、静岡市は「観光交流客数の増加による観光の振興と経済活性化を目指す」とし、「静岡市観光戦略」を策定。そのキャッチコピーは『「旅ゆけば　しずおか」～富士を眺め、お茶と食を楽しみ、家康公に学ぶ～』。何だか欲張りすぎな気もするけどヤル気は重要。「平成22年度を初年度とし、平成31年度を目標年次とします」とあるから、これからが勝負時だ。なのに「どうにかなるさ」と、お役所仕事をしているようでは、よろしくありません。近年の歴史ブームもあって、久能山東照宮の国宝指定などは大きな追い風ですよ！

というか、いっそのこと、静岡市民の多くが大らかなところを前面に出してはどう？　観光客は癒やしを求めてる。静岡おでんと不明瞭会計で有名な横丁の卑しい商売人には出しゃばらせず、もっと静岡市らしく、「静岡にきたらの〜んびり、ゆ〜ったりできますよ」という市民性をアピールしたらきっといいんじゃない？

※　※　※

「平成26年度 静岡県観光交流の動向」によると、静岡市の観光交流客数（宿泊客数＋観光レクリエーション客数）は、２０１１年の東日本大震災後に落ち込みを見せたものの、２０１３年以降は２６００〜２７００万人程度、宿泊客数も１６０万人前後と、増加傾向を見せている。とはいえ、観光交流客数に占める宿泊客数の割合は、以前と変わらず６〜７パーセント程度でしかない。相変わらず、腰を据えて楽しむ街ではなく、日帰り中心で立ち寄る程度の街のままである。

現在、静岡市の集客の要になっているのは、大道芸ワールドカップや静岡まつり、清水みなと祭りなどのイベントだが、いずれも静岡市と聞いて思い浮かべるほどのイベントではない。そのため比較的認知されている近隣からならまだしも、わざわざ遠方から不特定多数を呼び寄せる効果は薄く、宿泊数の増加に繋がっていかない。また、観光のキラーコンテンツになり得るグルメにしても、ご当地グルメの静岡おでんを猛プッシュし、「しぞーかおでんフェア」を開催しているが、インパクトとしてはどうなのだろう? B級グルメはよほどの話題性と実績のある品でなければ強い求心力を持たない。静岡おでんは地元民には郷愁の味なのだろうが、それ目当てで遠方から大勢の観光客が訪れるかといえば、やはり疑問が残る。

また、静岡市の観光について率直な意見を述べさせてもらうと、どうも観光客にやさしくない印象が強い。歴史の街を自任しているなら、歴史スポットを「点」で見せるのではなく、それらを関連付けてルート化し、ひとつのストーリーで見せて欲しい。家康公ゆかりといっても、一般の人は駿府城公園をぶらぶらしたらほぼ終わり。他にもゆかりのスポットは多いのに、そうした情報がうまく発信されていないのは残念でならない。また、そうしたスポットを車でめぐりたい人もいると思うが、たとえば駿府城公園に専用駐車場がないのはいかがなものかと。お隣の市民会館の有料駐車場や市街地のコインパーキングではちょっと不親切じゃないだろうか。

その歴史スポットに関することでいえば、現在、NHKの大河ドラマでは、井伊家を題材にした『おんな城主 直虎』が放映中である。井伊谷がある浜松市はだいぶ盛り上がっているようだが、静岡市も井伊家が仕えた今川ゆかりの地であり、駿府城付近に居城の今川館があったと伝えられている。つまり、浜松と連携すれば「今川・徳川・井伊」をめぐる観光ルートづくりも可能なのだ。ところが密に連携している様子は見られない。こんなときこそお互いに協力しあってもいいと思うのだが、実にもったいない。

静岡市の観光交流客数と宿泊客数の推移（単位＝人）

	観光交流客数	宿泊客数
2005 年	23,608,449	1,416,941
2006 年	23,625,199	1,460,931
2007 年	24,381,325	1,419,190
2008 年	25,019,416	1,480,039
2009 年	25,391,984	1,455,418
2010 年	27,463,398	1,458,625
2011 年	23,663,189	1,417,908
2012 年	24,985,020	1,526,489
2013 年	27,685,227	1,613,466
2014 年	26,265,911	1,632,445

※平成 26 年度「静岡県観光交流の動向」参照

市民それぞれにこだわり満点
静岡流お茶ライフスタイル

家庭や給食でも充実　静岡といえばお茶！

お茶44・0パーセント、富士山9・8パーセント、サッカー5・0パーセント……。

これは2007年に静岡市が行った「『静岡』と聞いて最初に思い浮かぶことは何ですか」というアンケートに対する答えの割合だ。「その他」が34・6パーセントもいたというから、人々の意識はやや散漫だが、首位はお茶、静岡茶だった。

さらに「静岡県にある『静岡市』と聞いて、思い浮かぶことはありますか」の問いに対しては、「ある」と答えたのはわずか13・1パーセント。「『静岡』

と聞いた時と同じ」が最多の63・3パーセント。正直にも「よくわからない」と答えた人が2割を超えた。やっぱり印象が薄いようである。が、過半数の人々の印象が「『静岡』と聞いた時と同じ」ってことは、つまり、静岡市のイメージもまた「お茶」なのである。

実際、市民もまた「静岡市でできたお茶」を誇りに感じている。

各家庭では「ウチで飲んでいるお茶が一番おいしい」なんて自負を持っている。「われこそ一番!」的スノビッシュな意見ではなく、ヨソ様のお茶に文句をつけるでもなく「わが家で飲むお茶が一番ほっこりするわぁ」と、の～んびり感である。

「このあたりに長くお住まいの方って、遠縁やご実家が、何かしらお茶の仕事にかかわっている場合が多いんです。だから必然的にそちらから購入したり、いただいたりします。その味になじんでいるし安心感もあって、自宅のお茶が一番なんじゃないかしら」

60代の主婦に、とっても冷静なご意見をちょうだいしたが、これこそが静岡市民とお茶の「ほっこり方程式」なのであろう。

加えて行政も、小さいうちから静岡茶のおいしさを教えるとともに、将来的にも飲んでもらえるようにと、小中学校等の学校給食にはお茶が出される。これもまた静岡流というか、ほかではなかなか聞かない食育の行政サービスだろう。そしてたとえば、20代ＯＬに「給食にお茶って、静岡くらいだよ」なんてことをいったら、「えっマジ⁉ 静岡すごいじゃん」なんていわれちゃったりする。給食の配膳時、お茶当番の生徒がやかんに入ったお茶を、各自のコップにつぐ。牛乳やジュースが出ている日でもお茶をつぐ。お茶あっての給食、これが静岡市内の給食では日常の光景なのだ。

こうしたお茶へのあったかい思いは、当然、消費量に反映される。緑茶の1世帯当たりの年間支出額および購入量は、支出額は1市だけ1万円超を記録。静岡市は一般大衆茶の値段が他地域より安いためもあり、購入量は断トツの2キログラム弱。これには「やっぱり飲むんだなぁ……」としみじみ。

そして、いうまでもなく荒茶生産量で全国トップは静岡県。当然、うまいお茶はたくさんある。

が、全国的に、お茶のイメージでは京都の宇治茶に押され気味。

「宇治茶は奈良や三重、滋賀あたりのも入ったブレンド茶。なのに宇治茶と名乗れる。だけど静岡は、静岡県産の茶葉100パーセントのものしか静岡茶と謳えなくなったんです」とは製茶業者の言葉だが、簡単にいうと、のんびりまじめにしていたら、商売上手にうまくやられちゃったってわけ。京都の悪口をいうつもりはないが、あちらは「ブレンド茶でも宇治茶」なのはなぜなんだ！でもくじけちゃいけない。コンビニのお茶は充実しているし、水出しのティーバッグといえば麦茶ではなく緑茶だし、新聞は「茶況」と題して茶市場の取引情報を充実させているし、実は「十六茶」を開発したのは駿河区が本社のシャンソン化粧品だし、家庭には緑色の蛇口があってそこから緑茶が出てくるし（さすがにそういうことはないか）……と、やっぱり静岡の食はお茶あってなのだ。ただ、もう少しPRも上手だったらいいのだけれど。

※　※　※

静岡県は自他ともに認める日本一の茶どころである。2014年の農林水産省のデータでも、静岡県の生葉収穫量は14万9000トンで全国1位。同じく荒茶（生葉を蒸熱、揉み操作、乾燥等の加工処理を行い製造したもの）生産量も3万3100トンで全国1位。一方、緑茶（リーフ茶）の1世帯当たり年間支出金額及び購入量（2010～2013年平均）では、静岡市が1万1533円、1972グラムと、全国の主要都市（県庁所在地と政令指定都市）ではダントツのトップを誇っている。

相変わらずお茶をよく飲んでいる静岡市民だが、静岡県内での荒茶生産量（2005年）でいうと、静岡市は牧之原市、掛川市、島田市、菊川市に次いで第5位に甘んじている。そこで「お茶のまち」をアピールする静岡市は、「静岡市めざせ茶どころ日本一条例」に基づき、2010年3月に「静岡茶の祖」と言われる聖一国師の生誕の日の11月1日を「お茶の日」と定めた。さらに日本一の茶どころとなるため、独自の茶の生活文化を創造しようと、さまざまな施策を推し進めている。

都道府県別のお茶（荒茶）生産量

順位	都道府県	生産量（トン）
1	静岡県	33,500
2	鹿児島県	23,800
3	三重県	7,350
4	宮崎県	3,670
5	京都県	2,870
6	福岡県	2,170
7	奈良県	1,750
8	佐賀県	1,560
9	熊本県	1,420
10	愛知県	927

※平成 23 年度の荒茶（一番茶～四番茶、冬春秋番茶）の総生産量を掲載
農林水産省の発表データより作成

緑茶（リーフ茶）の1世帯当たり年間支出金額および購入量

順位	市名	支出金額（円）	市名	購入量（g）
1	静岡市	10,321	静岡市	1,914
2	浜松市	9,516	浜松市	1,647
3	長崎市	6,976	京都市	1,474
4	松江市	6,757	松江市	1,393
5	千葉市	6,443	奈良市	1,274
6	さいたま市	6,336	福井市	1,257
7	前橋市	6,310	水戸市	1,249
8	鹿児島市	6,240	長崎市	1,170
9	北九州市	6,162	熊本市	1,087
10	熊本市	6,080	北九州市	1,082
—	全国平均	4,745	全国平均	956

※都道府県庁所在都市および政令指定都市における２人以上の世帯（農林漁家世帯を含む）を対象にした、
2008 年～ 2010 年の平均データ。総務省「家計調査年俸」より作成

ヨソ者には排他的な静岡企業　全国区にならなくてもいい⁉

エース鈴与は非上場　東証上場企業って？

居心地がいい静岡市には、いいも悪いも「どうにかなるさ」精神が根付いている。それもあって、観光などのＰＲがじょうずとはいえない市民性について言及してきた。では、個人や行政ではなく企業に目を向けるとどうか。

旧清水市を含め、静岡市内に本社を置く上場会社はいくつかある。

たとえば、東証の上場企業例を挙げると、ＴＯＫＡＩホールディングス（葵区、東証１部）、静岡銀行（同）、秀英予備校（同）、メガネトップ（同）、清水銀行（清水区、東証１部）、はごろもフーズ（同、東証２部）といった感じ。まだまだあるが、紙幅の都合と理解されたい。

さて、つらつらっと企業名を見るに、地元ではなじみのある社名が多いわけだが、全国区？　っていうとどうだろう。感覚に個人差はあるにしても、前出からだと缶詰界のガリバー、ツナ缶の「シーチキン」で知られる食品メーカー、はごろもフーズくらいではないか。少なくとも、大々的にコマーシャル展開しているのは、同社くらいのような……。

だいたい「上場」でくくってしまうと、県下にその名をとどろかせる鈴与（ホールディングス）の名前が出てこない。といって、鈴与が全国的知名度を誇っているかというとそんなこともない。否、微妙だ。市民は、こうした地元企業をどう思っているのか？

「そうだねよねぇ。外に出て勝負しようって感覚は、そんなにないのが静岡市民かもしれない。本社は清水だけど、鈴与がいい例じゃない？　港湾事業から始まって、今や年商5000億円を超える一大企業になったのに非上場。地元に雇用をかなり生んでるから、あまり悪くはいえないけど、この非上場っていうのが静岡らしい。ここらでうまくやってればよかろうっていうのかなぁ」

これは市内で飲食店を営む主人の言葉だが、現実、鈴与はJリーグ・清水エスパルスの主要株主であり、ユニフォームにも「SUZUYO」とプリントされている。視覚的に全国に知られているはずなんだけど、一般人の感覚では決して全国区ではない。この不思議なギャップが、静岡企業には意外と散見される。

閉鎖的だった静岡商人　これからが変化の時？

さて、鈴与以外で非上場企業として有名な静岡企業にタミヤ（旧・田宮模型）がある。いうまでもなく、駿河区に本社を置くプラモデル&模型のメーカーで、ミニ四駆ブームの火付け役だ。

「昔から静岡市には、会社の大小関係なく、静岡市内、もしくは同じ静岡県の中部にある会社こそが優秀な会社っていう意識があったようなんだね。そんなに偉そうにいう人、不景気の時代にはいないだろうし、そもそもすべての商売にはいえないけど、静岡県の他地域にある会社、時には隣の清水さえ別物扱いにして、あまり付き合わない（取引しない）っていう向きが静岡市街地の会社にはあったように思う。静岡県の中心地で商売やっていれば、どうにかなってきたっていう話だよね」

どこか自省に満ちた言葉は、市内で茶業を営む男性である。「俺たちこそは幕府の直轄領、その城下町の商人だ！」っていうプライドが根底にあるのか。あるいは「俺たちでどうにかなるんだから、口を突っ込まないで」という思いだろうか。県都・静岡市には、保守性を突き抜けて、閉鎖的村社会の一面もあるようだ。だからこそ、昔ながらの情緒が残っていたりもするが、反面で、少子高齢化社会、ネット社会を迎え、お山の大将ではどうなんだろう。

それでも企業はそれなりに元気だ。そりゃあ完璧な会社などないから社員は文句もあろう。だけど、鈴与は規模がすごすぎるほどだし、静岡銀行は2012年3月期の決算で3年連続の増益確保と発表し、清水銀行だって2年ぶりに増益という発表があった。市や県内で寡占状態だと批判の声もある鈴与には、「今も清水では、歴史ある（清水）芸者を絶やしていけないって、鈴与が芸者まで育ててる。そういう一面もあるだよ」（清水区の商店主）。歴史や文化を大切に、という顔もあるのだ。

要するに、自分たち（静岡市）を愛するが余り、他者への気遣いをつい失してしまうのも静岡らしさだったのだろう。ただし、ケンカしたいわけではなく、できるならば穏便に、という事なかれ主義に近い心象風景。今後、静岡企業の方向性はどうなっていくのか。多くの市民は「市も企業も全国的に有名でいたい」ようだけど。

※　※　※

今回追加取材をしてみて、「静岡の商人は殿様商売」という話をよく耳にした。ふんぞり返っていても客が来るからろくすっぽ宣伝もしないし、接客もそんなによくない。要は企業努力をしない、ということだ。それでも経営が成り立ってきたのは、先述の通り、静岡の閉鎖的な商業風土によって既存店が守られてきたことが大きい。静岡市はコンビニの出店がかなり遅く、25年くらい前からようやく大手チェーンが進出してきたという。強敵を排除することで独占的に商売を続けていれば、殿様商売でも成り立つだろう。

ただ、環境が変化したからといって、骨の髄まで染み付いた習慣が簡単に変えられるとは思えない。スクラップ&ビルドが激しそうな両替町の盛り場を眺めつつ、そんなことを思った次第である。

静岡市コラム ❸

華やかなりし駿府の花街

人が集まる町であれば、当然のように歓楽街も生まれる。70万の人口と県下最大の商圏を誇る静岡市もまた例外ではない。葵区の両替町には無数の飲食店が軒を連ねており、静岡県最大の「夜の町」を形成しているのだ。大手ディスカウントストア「ドン・キホーテ」の煌々たるネオンがストリートのランドマークとなり、深夜には酔っぱらいや外国人が通りを埋め尽くし、さながらリトル・新宿歌舞伎町といった趣である。

そうなると、男性陣としては、どうしてもシモのほうも気になってくるところだが……。ない！　これが、からっきしなのだ！　もともと静岡市は、かなり風俗営業に対して厳しい態度を示していた。それでも以前であれば、セクキャバや店舗型ヘルスも見つかったものである。

ところが現在は、いわゆるピンク産業はほぼ壊滅状態。事情通に話を聞くと

「2003年の静岡国体を開催する直前に、かなり大規模な摘発があって、風俗店は徹底排除されてしまった」とのこと。今、町に残っている店舗は、キャバクラや外国人パブといった水商売ばかりだそうだ。

そんなことでは、歴史の町・静岡としては、ご先祖様に申し訳が立たない。何しろ徳川家康の大御所時代から、駿府は有名な花街だったのである。当時は「駿府九十六箇町」と呼ばれ、このうち七町が幕府公認の歓楽街だった。のちに町の一部を江戸へと移設し、これが有名な吉原遊郭（元吉原）となったわけだ。そして残された二町は「二丁町遊郭」（現在の静岡県地震防災センター付近）と呼ばれ、第二次世界大戦末期の静岡大空襲の頃まで存在し続けたのである。市のお偉いさん方は渋い顔をするかもしれないが、「夜の顔」を持つところも、隠しようのない静岡の歴史だ。

しかし、状況は決して芳しくない。キャバクラなどの水商売も不況のあおりを受け、開店してはつぶれ、また新規店が入ってはつぶれ……の繰り返し。最近はガールズバーなども出店しているようだが、景気のいい話はない。また、市街地にラブホテルが皆無であるため、デリヘルもイマイチ盛り上がっていない模様。この分野では、沼津や浜松のほうが進んでいるようだ。まぁ、健全さをウリにするならいいのだろうが、あまり締め付けを厳しくすると、息苦しくなるだけだと思ってみたり……。携帯電話やインターネットを利用した、可視化されないイリーガルな方法がはびこるほうが、はるかに危険ではなかろうか。

第4章

清水に由比に蒲原と大合併でどうなった!?

すったもんだの末に誕生した「新・静岡」市名決定の裏側

清水市捨て身の攻撃も「静岡市」は既定路線!?

２００３年４月１日に旧静岡市と旧清水市が合併して誕生した静岡市。それまで市面積１位を誇っていた福島県いわき市よりも大きくなり、全国のニュースでも話題になったほど。ところが、その後に各地で行われた平成の大合併で、静岡市はあっという間に首位から転落。２０１１年の国土地理院の調査によれば、今では第５位と、同県・浜松市（第２位）よりも下になってしまった。

とはいえ、北は南アルプスの山々、南は駿河湾と海山を持つ巨大市であることに変わりはない。もっとも、人が住んでいない山奥さえも「葵区」という「区」なのには違和感があるけれど。

各区の事情や問題、旧静岡市・旧清水市から見た合併の様子は後述するとして、ここではふたつの市が合併する際に問題となった、新市名決定までの紆余曲折を見ていきたい。

両市の合併協議委員会が発足したのが1998年。それから対等合併にしようということや合併日などが決まり、いよいよ問題の「新市名」について公募されることが発表されたのが2000年の12月のこと。翌2001年の6月から2カ月半の公募期間で全国から5万通以上の新市名が集まり、集計の結果、「静岡」が32パーセント、「しずおか」「シズオカ」「新静岡」なども含めると約40パーセントが静岡市だった。一方、「清水」関連の名前はわずか12パーセント。これには、旧静岡市の人口のほうが多いし、実際の公募数も旧静岡市民のほうが多かったし、彼らがみんな「静岡」に入れたと思えば、これだけの大差がつくのも納得ではある。が、この数字を見れば、「合併協議」するまでもない。「静岡市」になるのは既定路線、すでに静岡で勝負ありだったのだ。

ちなみに、公募作には「徳川」「エスパルス」「みかん」「茶香（読みで多かったのはサコウ）」なんていう静岡愛に溢れるものがある反面、「みどり」「未来」

「さくら」「さわやか」など、どこにでもあるような、静岡愛すら感じさせない名前もあった。

その後、協議委員会では候補を上位の静岡、清水、駿河、駿府、日本平の5つに絞り、次の段階で静岡、駿河、日本平の3つに絞った。ここで清水は脱落している。脱落とはいっても、既存の市名を候補に残すか残さないかという問題に対し、「新市名には新しい名前を！」との主張で清水市側が自らの候補を取り下げたのだ。

そりゃ最初の集計で静岡が4割を占めていたら、どう引っくり返ったって新生・清水市とはならない。かといって、このまま静岡に決まるのも面白くない。そこで「市が新しくなるんだから市名も新しいものを」と捨て身の攻撃に出たというのが本音。「清水の名前を諦めたんだから静岡も外せよ」ということなんだけど、旧静岡側は「県庁所在地があるし知名度もある」と譲らなかった。

さて、合併協議会による最終投票は、静岡市側18名、清水市側18名、静岡県の委員が2名、計38名で行われ、清水市の18票が駿河に入り、静岡市の18票がそのまま静岡に。で、県の2票が静岡に入ったことで新市名は静岡市に決定する。この結果、当然といえば当然。２票を入れた県の委員も「県と同じ市名のほうがいいという県知事の意向で静岡に入れたみたい。みんな知ってるんじゃない？」とは、市庁近くの商店主。どうやら静岡市になることは、県が望んでいたことなのだ。公募した時点で静岡が一番多かったわけだし、ここまできて駿河市になるほうがおかしな話だろう。

市名決定の経緯が対等協議、対等合併の証でないことは明らか。清水の名前がなくなって納得のいかない旧清水市民の怒りは後述するが、他県から見たら、でもやっぱり静岡がしっくりくる。変なカタカナの名前にならなかっただけでも良かったんじゃない？

静岡市が政令指定都市になるまで

年	月日	出来事
1965年		「静清広域行政協議会」が設置される
1989年	4月1日	静岡市制100周年
1991年		静岡市、清水市、島田市、焼津市、藤枝市、富士川町、蒲原町、由比町、岡部町、大井川町の5市5町で、政令指定都市研究会が設置される
1993年	1月1日	清水市中之郷、谷田の一部が静岡市に編入
1996年	4月1日	静岡市が中核市となる
1997年	2月27日	清水青年会議所が、住民発議の「合併協議会設置請求」を行うことを決定
1998年	4月1日	静岡市・清水市合併協議会が設置される
	5月15日	第1回合併協議会が開かれる
	11月9日〜11月30日	新市グランドデザイン市民意識調査を行う
2000年	2月24日	第12回合併協議会において、新市のグランドデザインが決定
	9月6日	第15回合併協議会において、合併の方式を「対等合併」とすることを決定
	11月13日	第16回合併協議会において、合併の期日を「2003年4月1日」とすることを決定
	12月22日	第17回合併協議会において、新市の名称を公募することを決定
2001年	4月1日	清水市が特例市となる
	4月1日	静岡県と合併協議会事務局が「静岡県・静清合併協議会連絡会」を設置する
	4月3日	「静岡市・清水市政令指定都市市民会議」を設立する
	5月29日	名称選考委員会が発足する
	9月20日〜10月14日	名称選考委員会において、新市名の候補を「静岡」「清水」「駿河」「駿府」「日本平」の5つに絞る
	12月21日	静岡、清水両市が「静岡市・清水市事務事業一元化本部」を設置して、第1回会議を開催する

年	月日	出来事
2002年	2月20日	第27回合併協議会において、新市名の候補を「静岡」「駿河」「日本平」の3つに絞る
	2月28日	第28回合併協議会において、合併する新市の名称が「静岡市」に決定
	3月20日	第29回合併協議会において、両市の合併を「是」とすることで決定する
	4月22日	静岡、清水両市が共同で「静岡市・清水市事務事業一元化本部事務局」を開設する
	4月30日	静岡市・清水市合併協議会が廃止される
	7月11日	静岡県議会が静岡市・清水市の合併関連議案を可決する
	9月9日	片山総務大臣（当時）が静岡・清水両市の合併を官報で告示
	11月1日	新「静岡市」の中核市指定政令が公布される
2003年	2月11日	清水市制79年メモリアル式典を開催
	3月28日	静岡市閉市式開催
	3月31日	静岡市、清水市閉庁式
	4月1日	合併協定書調印から1年間の準備期間を経て、静岡市と清水市が合併、新・静岡市が誕生
2004年	4月13日	「静岡市・蒲原町合併協議会」が設置される
2005年	4月1日	静岡市が全国で14番目の政令指定都市となり、葵区、駿河区、清水区が誕生
2006年	3月31日	静岡市が蒲原町を編入
2007年	7月9日	「静岡市・由比町合併協議会」が設置される
	12月5日	静岡市と由比町が合併協定書を締結
2008年	11月1日	静岡市が由比町を編入

※各種資料より作成

それはいわば「併合」だった旧静岡市から見た大合併劇

損をしない旧静岡市　これが対等合併か⁉

1889年に誕生してから、これまで10回もの合併を繰り返してきた旧静岡市は、ついに旧清水市とも合併（静清合併）を果たし、当時は福島県いわき市を抜いて一番大きな市町村となった。このように膨大な領土を手に入れてきた裏には、今川義元亡き後、武田軍に攻められて奪われた領土を取り戻そうとする駿河人の怨念のようなものすら感じてしまう。

この旧清水市との合併劇、名目上は対等合併だったが、結局は新市の名前が静岡市のままだったり、当時の静岡市長が清水市側に約束した市庁舎の東静岡駅周辺への移転が白紙になったりと、清水からすれば納得できない話がちらほら。これでは、政令指定都市になりたい静岡市が、人口増の目的で清水市を吸収した、浜松市に対抗する巨大都市がほしかっただけ、などと揶揄する声が聞こえるのも、ある意味で納得がいく。

そもそも、合併協議会による静清合併の定義とは、「両市民の日常生活圏の拡大、経済圏の伸長や、市街地の一体化、高度な行政体制の確立のため」という。

いかにも行政の建前だが、清水の人間が静岡にくることはあっても、その逆はほぼない。１９９８年に協議会が行ったアンケートによると、旧静岡市民の約87パーセントが市内で就職・就学し、わざわざ清水市に出て就職・就学する人は5パーセントほど。だいたい買い物だって、松坂屋に伊勢丹、パルコに１０９がそろっていれば十分だ。高級衣料品などは東京や名古屋にでも買いに行くのか、市内利用率は60パーセントほどだけど、葵区のＯＬなど「ドリプラには遊びにいったし、清水みなと祭りにもいくけど、それぐらいかな……」と冷ややか。普通に生活していれば、静岡の市街地から清水に出る必要なんてないのだ。だもの、旧静岡市から見たら生活圏が拡大したわけでもない。

そうなると旧静岡市にとって静清合併は、政令指定都市になるための人集めかと思われるけど、経済圏の伸長ということに関しては面白いデータもある。

各区市町村の財政力を示す財政力指数（基準財政収入額を基準財政需要額で割ったもので、高いほど財政に余裕がある）を見ると、合併前、２００２年度の数値は静岡市が０・８６５だったのに対し、清水市は０・９１３と、「清水市のほうが豊かだった」ことになる。それが合併したおかげで静岡市の数値は徐々に上がり、２００８年度には０・９２５まで上がっている（数値は近３カ年平均）。２０１１年度は０・９００に落ちているけど、それでも合併前の数値よりは高い。また、これまで人口が30万未満だった旧清水市側からも事務所税を課税することができるようになったわけで、旧静岡市にとって旧清水市は、政令指定都市となるための人口はもちろん、豊かな財政を得るためにも必要だったということになる。合併したおかげで、静岡市全域で国民健康保険料が値上げされたこともあったけど、これは清水側でも税金の値上げがあったから、静岡からしても痛み分け。では、それで市民の生活が豊かになったのかというと、前出のＯＬいわく、「普通に生活しているぶんには別に変化はない」というから、得をするのはお役所ばかり？　一般市民に特別な影響はないようだ。

本音をいえば「後悔」ばかり⁉ 旧清水市から見た合併の顛末

変わったのは住所だけ　合併には意味がない⁉

旧静岡市との合併で「被害者」となった感のある旧清水市。今では政令指定都市となって「清水区」になったけど、「何も変わってないよ」といった声を聞く。区になったとはいっても東京23区（特別区）のような地方公共団体になったわけではないし、住所だって「静岡県静岡市清水区○○」になるまでは変更が続き、余計な手間ばかりかかった。ただ「清水市」の名前が消えただけ、というのなら、静岡市による吸収合併だといわれても仕方ない。

合併で人口が30万人以上の都市になったことで、清水区では新たに事務諸税が課税されたり（一時免除されていたが２００９年から課税）、下水道料金の値上げ額が旧静岡市に比べて高いなど、デメリットばかりが目についてしまう。そんななか、一応メリットもあって、ゴミ処理問題では、清水区から出るゴミの30パーセントを旧静岡市側の処理場で処分することができたし、安倍川の水を送水することで水不足も解消されている。

とはいえ、仮にメリットとデメリットで差し引きゼロ、何も変わってないんなら、合併なんてしなくてもよかったのだ。政治に関していうと、旧清水市の市議会議員の定数が33なのに対し、合併したことで静岡市議会の定数が53となり、２００９年の選挙で清水区から当選したのは19人。旧蒲原町と旧由比町を合併したことで定数が増えているとはいえ、単純に比較しても大幅減で、葵区・駿河区で当選した議員が多いわけだから、議会で「旧静岡市対旧清水市」という構図になったら何かと分が悪い。

２０１１年の読売新聞によるアンケートによると、合併について「しない方が良かった」と答えた清水区民は54パーセントと過半数を超え、「して良かった」の24パーセントを大きく上回った。葵区と駿河区では「しない方が良かった」が３割弱だったから、このあたりでも見解が大きく分かれる。

だが、この合併劇、もともとは清水側が手を挙げていた。１９８９年に清水青年会議所が「新駿河まちづくり委員会」を発足させたのがきっかけで、１９９７年に当時の清水市長に対して「合併協議委員会」の設置を求めている。ところがこの協議会、当初は「合併したほうがいいのか、しなくてもいいのか、したらどうなるのか」を話し合うためのもので、「合併が前提」というわけではなかった。しかも、１９９９年に協議会が両市の有権者にアンケートを行った際は、合併協議の内容を「よく知らない」または「何をしているか知らない」が80パーセント、合併について「あまり関心がない」または「ほとんど関心がない」との回答が30パーセントもあったというから、このころは旧清水市民もまだ合併問題に真剣ではなかったのだろう。

２０００年の両市職員組合のアンケートでも、90パーセントの人が合併問題を知ってはいたけど、80パーセントが新しくなる市のグランドデザイン（計画）について「あまり知らない」・「まったく知らない」と回答。２００１年になっても、合併予定日を知っている人は25パーセント、グランドデザインを知る人はわずか15パーセント。合併に関してこれほどまで無関心だったのに、いざ合併となると、旧清水市民は「清水の名前がなくなるのはイヤだ」と大反対。旧清水市民の一番の関心は合併だとか行政問題ではなく、「清水市」の名前が消えるってところにあったのだろうか。のんびり気質は静岡らしさだけど、反対が遅きに失した感があるのは事実だ。

消えつつある清水の名　エスパルスは大丈夫？

清水区にとって、静清合併最大のデメリットといえば、「静岡」という名前に隠れてしまい、「清水」という名前をアピールできなくなったことではないか。三保の松原や日本平（駿河区にもまたがってるけど）といった景勝地も、『ちびまる子ちゃん』に次郎長親分（大政、小政、森の石松のほうね）といったヒーローも、どれも清水が誇ってきたものだ。それが自慢だった地元商店街の人も、「そうしたものが合併後は『静岡のもの』になった感じがする」と嘆く。こうした全国的な知名度があるものから「清水」の名前が消えたら、もう堂々と清水のものと名乗れるものはエスパルスと清水港ぐらいしかない。

エスパルスは改称しないとはいうものの、同じＪリーグではどちらもホームタウンの問題から、ジェフユナイテッド市原が「～市原・千葉」となり、ザスパ草津も２０１３年から「～クサツ群馬」に名前が変わった。「清水・静岡エスパルス」になるなんてことはないだろうけど、放っておいたら最後の清水名物も「静岡」に侵食されてしまうかもしれない。

※　※　※

静清合併からすでに14年以上が経ち、未だに清水民は「合併しなきゃよかった」と後悔ばかり。アイデンティティの喪失感は想像以上に強いようである。

合併が進められた当時、協議ではさまざまなメリットが提示された。「組織の統合、合理化による経費の節減、行財政運営の効率化」（市長を含む特別職、議員、職員の削減など）、「職員の専門性を高めるとともに、行政組織の整備充実を図れる」（静岡地区と清水地区とで行政を一本化することによる行政の効率化）、「市民生活の実態に対応した地域の一体的な整備を促進することができる」（交通基盤など広大な市域を一体的に整備できる）、「公共施設の一体的な利用や効率的な配置を推進していくことができる」（図書館など公共施設の適正な配置が可能)、「合併特例法による整備事業が実施できる」(静岡駅・東静岡駅・清水駅周辺などの整備促進)、「政令指定都市に移行できる可能性が飛躍的に上がる」(東京と名古屋の中間にある静岡市が政令指定都市になることで各種投資が行われるようになり、経済活性化にもつながる)などなど。しかし、どうにもメリットだけを強調した印象が強く、大風呂敷を広げているようにも思えた。

両市は合併を果たし、目標通り、政令指定都市への移行に成功した。さらに組織の統合、合理化、効率化も図られた。しかし現状を見てみると、たとえば各地域の整備事業では、行政区や旧自治体に配慮したのか事業費は分散し、新・静岡市による一体的・包括的な都市開発が行われてきたとはいえず、この点で合併した意味やメリットはまったく感じられない。さらに、合併で経済が活性化すると予測されたが、合併以降、静岡市の産業は衰退傾向を示し、経済も停滞気味である。その要因のひとつは、静岡市中心部の積極的な都市開発と大規模商業施設の進出にあるといっても過言ではない。静岡駅周辺に魅力的な商業施設が次々とでき、中心部における賑わいと活気の創出に成功したものの、全市的な観点からすれば、清水の地元商店街などは完全に中心部のワリを食い、シャッター化が進んで衰退を余儀なくされている。

そうした合併後の旧静岡と旧清水の明暗は、人口問題にも見てとれる。静岡市は現在、深刻な人口減少問題に直面しているが、とくに人口減が著しいのが清水区なのだ（2010～15年で8692人の減少）。静岡市が目標に掲げる「人口70万人」の維持は、清水区からの人口流出を止められるかどうかにかかっている。しかし、旧清水エリアが置き去りにされているかのような状況では、人（とくに若者）を繋ぎ止めていくのは現実的に難しいだろう。

合併後しばし飛び地だった蒲原町合併までのドタバタ劇

静岡市に編入されて消えていった庵原郡

旧静岡市と旧清水市の大合併の陰に隠れて、実は問題がくすぶり続けたのが庵原郡との合併だ。

旧静岡市が領土を拡大してきた歴史の裏側には、古くから起こっていた庵原郡との合併劇なしでは語れない。ここではまず、庵原郡蒲原町の合併までを見ていこう。

まずは庵原郡の歴史を少々。

1878年に発足した庵原郡には、1889年に蒲原町、由比町、江尻町などの14町村が、さらに1893年には辻村が誕生し、15の町村を抱える郡部となった。その後、江尻町、辻町、西奈村などの町村が次々に静岡市や清水市に編入され、ついに1961年には蒲原町、由比町、富士川町を残すのみとなる。

ここで、お互いの合併話が出てくる。残された庵原郡3町は、1993年に「庵原郡三町合併問題等調査研究会」を設立したのだ。さらに、2002年になって3町の合併を目指す合併協議会を設置しようと動くのだが、蒲原町、由比町は可決するものの、富士市との合併を望んでいた富士川町が否決。これにより、合併協議会は設置されずに終わってしまう。

どうしても合併したい蒲原の次なる作戦は？

これで3町の合併話は流れたかと思いきや、蒲原町は富士川町抜きでの2町合併に乗り出す。ちなみにこの時点で、蒲原町民の55パーセントが静岡市との合併を望み、由比町との合併には同20パーセントが賛成だったという。

このように、本音では静岡市と合併したい蒲原町と、まずは蒲原町と合併したい由比町で意見が分かれた。だいたい、先に静岡と合併した清水の様子を見たら「マイナスばかりだし……」と由比町が難色を示すのも道理。これに呼応して、蒲原町も「静岡市に吸収合併されるのはイヤだ」と反対姿勢をとった。こうして一度は「静岡市・蒲原町・由比町合併協議会」の設置が否決される。ところが、静岡市との結婚を諦めない蒲原町は、2004年に「静岡市・蒲原町合併協議会」を設置。こうして積年の思いが成就するかと思ったが、道はまだ険しきものだった。

蒲原町が静岡市との合併について住民投票を行ったところ、賛成が4割、反対が5割と、反対票が賛成を上回ってしまったのだ。それもそのはず、旧静岡市と合併した旧清水市の状況を見れば、市民は二の足を踏んでしまう。蒲原には日本軽金属をはじめ大手企業が多くあるけど、こうした企業は事務所税を課税させられるし、保険料の値上げなども懸念される。また、静岡市内とはあまりにも距離があるから同じ生活圏内ともいえない。蒲原町の1999年度から2001年度までの財政力指数を見ても、県の町村に限れば第6位にランクインし、小さい町だけど、静岡に頼らず自分たちでやっていける体力を、少なくとも当時は持っていたのだ。が、合併反対多数という結果にも「財政の不安も抱えるし、安定した将来を手にするためには、政令指定都市となる静岡との合併が妥当」として、当時の町長は合併を推し進め、２００５年に静岡市との合併が決定する。長く険しい合併までの道のりもこれで終わり、ひとまずはめでたしめでたし、というわけだ。

合併決定後も一悶着　本当に望んだ結婚⁉

ようやく無事に結婚へ……と思ったのも束の間、苦難は続いた。「反対したのにどうして合併するのか」と蒲原町民が反発し、ついには町長のリコール運動にまで発展。すると町長はリコール投票前になって辞職。当選した新町長は、合併の白紙撤回を公約に掲げており、当時の麻生太郎総務相に直談判したり、由比町長や富士川町長に3町合併を呼びかけたりした。が、結局は議会側が「町民の投票はあくまで参考数値であり、合併決定は覆らない」と結論づけ、予定通り、２００６年3月31日付けで静岡市に編入された。これは由比町を飛び越えた、静岡市との飛び地合併である。

この合併劇、推進派だった当時の町長のワンマンだと批判する声もあるし、2005年3月までに廃置分合の手続きや議決、届け出をすれば財政面で国からの援助が受けられるとあって、町民に説明が行き届かないまま、やや急ぎ足で合併話が進んだ感もある。

また、当初は独立した区になるともいわれていたが、実際は清水区の一部へと編入された。住民の声はお上に届かず、事実を知るのは決定後という一面はあるが、そもそも、旧清水市でさえ合併後に立場を失っているんだから、もっと小さな町がどうなるかは察しがついたのではないか。かくして、各地で見られた大合併のマイナス面を大いに露見し、蒲原町は静岡市に併合されたのである。

もっとも、富士川町、由比町と3町合併できていれば……。由比町は後に静岡市と合併するからいいとしても、ちと恨むべきは最初に離脱した富士川町か。こんなドタバタ劇があっても、対岸の静岡市はどこ吹く風。政令指定都市の看板をちらつかせて「早く編入されて税金持ってきてよ」というのが本音だったのかもしれない。

飛び地だった旧蒲原町

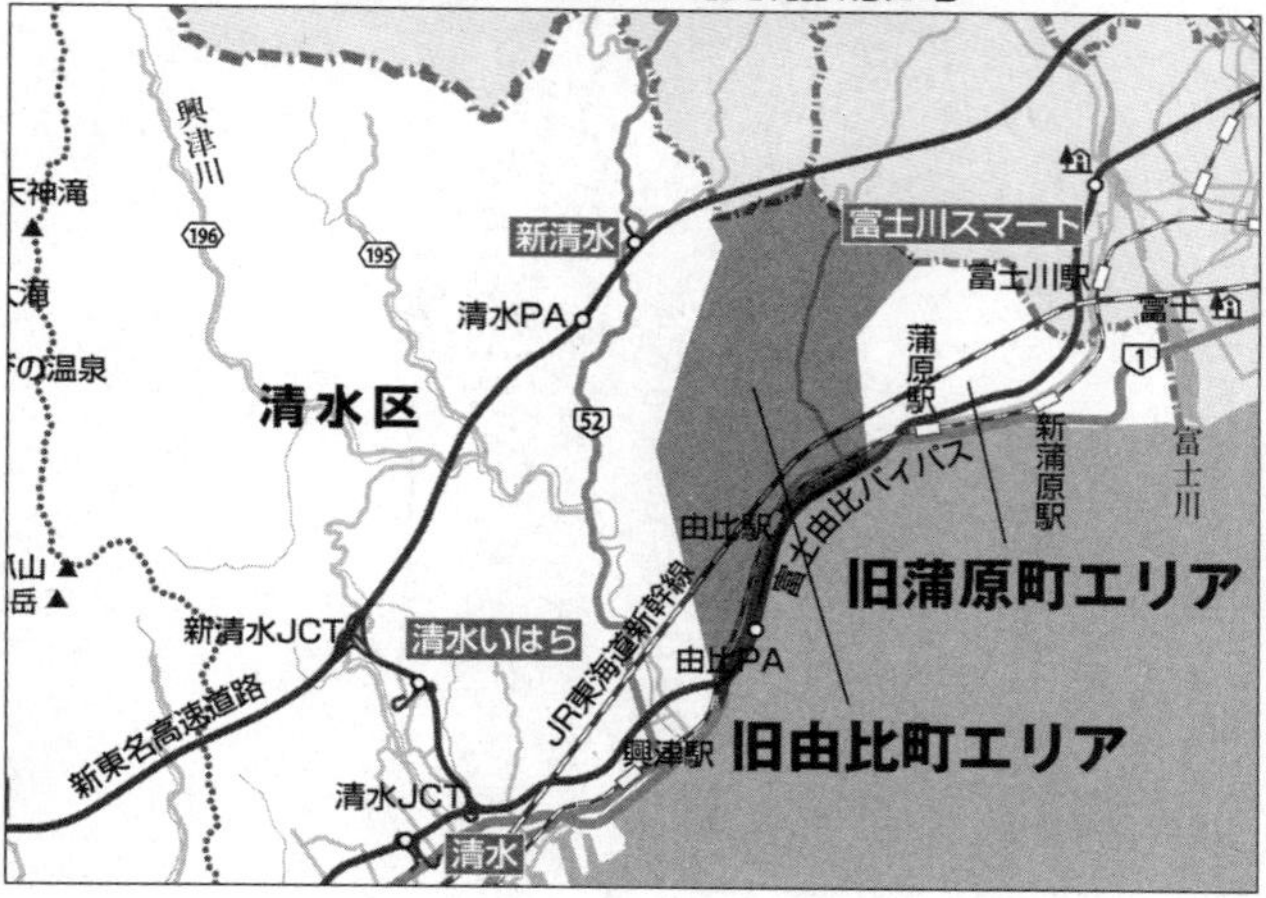

※　※　※

蒲原町は由比町と共に、静岡市と合併して清水区に組み込まれたが、この合併のメリットがあったかどうか、今もってビミョーなところだ。蒲原と由比のエリアは、旧街道の歴史、富士山の景観、オンリーワンの産物（サクラエビ）など、魅力的な観光スポットだが、一方で地元民の生活に関連する市街地の整備や住宅の開発など、旧静岡市内の開発が優先される現状、計画はあっても現実に進められるかどうか疑問も残る。

2006年に蒲原町が静岡市と合併したが、由比町が静岡市との合併に応じなかったため、蒲原はしばらく静岡市の飛び地になっていた

蒲原町に続き由比町も合併「まだ合併」が市の本音？

後になって頭を下げた由比編入で合併完了⁉

蒲原町が静岡市に編入したことで、東西両隣を静岡市に挟まれることとなった由比町。そうなると話題となるのは、由比町の編入問題だ。一度は蒲原町の誘いに乗らず、静岡市との合併を見送っているだけに、さあどうする？　と、２００７年に静岡市・由比町の合併協議会が発足する。

この協議会で、当時の由比町長は静岡市に対して平誤り。それもそのはず、２００５年度調査の由比町の財政力指数はわずか０・５２と、どうにもやってけない状態で、２００４年に行われた住民投票では、実に68パーセントの町民が静岡市との合併に賛成していたのだ。また、２００５年から２００９年まで適応された合併新法（市町村合併の特例に関する法律）では、国からの交付金として1億5000万円が5年間交付されることにもなっていた。ところが、議員報酬の問題もあり、町民の気持ちはもちろん、蒲原の誘いも交付金も断って、議会側が合併反対を決定してしまったのだ。

そんな由比町の態度に静岡市も「やることはやった」と合併を諦めたため、何とも奇妙な飛び地が誕生してしまったというわけ。

一度は町長が突っぱねてはみたものの、富士川町も富士市との合併を進めており、庵原郡の町としては最後まで取り残されることに。それであわてて、結局は静岡市と合併することになり、町民から聞かれるのは「どうして最初から合併しなかったのよ?」という当たり前の文句ばかり。あのときに蒲原町と一緒に合併していれば、まだいいたいこともいえたんだろうけど、こうなるともう静岡市に唯々諾々であるしかない。

静岡市側としても、「まったく手こずらせやがって」というのが正直な気持ちだろう。それでも、蒲原の飛び地問題も解消できたし、富士川町を富士市に取られてしまったものの、ひとまず庵原郡の合併問題は無事に終了した。

次の標的は富士山か　道州制で東にすり寄る!?

合併で人口を増やし、念願叶って政令指定都市となった静岡市。ところがこれまで書いてきたように、市民にとって合併のメリットは希薄で「何でわざわざ合併したんだか」という愚痴しか聞かれない。結局は清水の名物や観光地、由比のサクラエビを手に入れた静岡市の勝ち、といったところだ。

とはいえ、静岡市がまだ手に入れてないものもある。県のシンボル、富士山だ。市内でも横断歩道では歩行者信号が青になるたびに「ふじの山」のメロディが流れているのに、その富士山が手元にない、というのは皮肉にも感じる。お隣の富士宮市と富士市には以前から合併問題が浮上していて、２０１１年に当選した富士宮市長は「自分の任期中は合併しない」とは話しているけど、将来的な合併を見据えて協議を行っていくともしている。そこに富士山がほしい静岡市が介入して、な～んてことにでもなったら大変。

まぁ現実的な話ではないし、将来、道州制が導入されれば、なんて話もあったけど、今ではどこかへふっとんだ。

静岡市コラム 4

大井川鐵道のキビシイ事情

大井川鐵道というと島田市と川根本町を走る路線のイメージがあるが、あちらは本線で、川根本町の千頭駅から静岡市葵区の井川駅間には、通称「南アルプスあぷとライン」と呼ばれる支線の井川線が走っている。つまり、大井川鐵道は静岡市の鉄道路線のひとつなのだが、井川線のごく一部が井川ダムのあたりをかすめているだけだから、静岡市民の足代わりというわけではない。

井川線は傾斜のきつい山間部を走ることもあり、通常の2本のレールの間にもう1本、歯車のように凸凹のついたレールを敷き、機関車の歯車を噛み合わせる「アプト式」と呼ばれる方式を用いている。ゆえに「あぷとライン」と呼ばれるのだが、この方式はかつては碓氷峠を越える信越本線でも見られたものので、今ではここだけしか見られないとあって、全国からファンが押し寄せていた。ところが2014年9月に起きた崩土災害の復旧工事のため、未だに接岨

峡温泉駅と井川駅間は運休になっている（２０１７年３月復旧予定）。

鉄道ファンにすれば井川線の早期復旧が待たれるところだが、一般の観光客にすれば、大井川鐵道の目玉はやはり本線を走るＳＬだろう。筆者は新金谷駅でホームに入ってきたＳＬの姿に思わず感嘆の声を上げてしまったが、それよりもっと驚いたのは、ホームに群がる大勢の観光客の姿だった。７〜８割は中国人観光客で、おそらくツアーに組み込まれているのだろうが、それにしてもすさまじい人気である。加えて大井川鐵道では、既存のＳＬをイギリスの人気アニメ『きかんしゃトーマス』に変身させたトーマス号の運行も行っており、こちらの人気たるや、期間限定の運行ということも相まって、予約抽選でしか手に入らない乗車券は、ちょっとしたプラチナチケットとなっている。ただ、こうした人気コンテンツがあるにもかかわらず、大井川鐵道はここまでずっと廃線の危機に見舞われ続けてきたのである。

大井川鐵道は2000年以降、乗客数が減少の一途をたどった。2012年からは3期連続の赤字に陥り、2014年2月には経営再建問題も浮上した。そんな中、新たなビジネスとして始まったのがトーマス号の運行で、これによって大井川鐵道の定期外運賃収入は大幅に伸び、2015年の3月期決算ではわずかだが黒字収支となった。しかし、これまでの有利子負債は35億円超に上り、毎年8000万円もの利息払いが生じるため、経営危機状態は変わらなかった。そのため、2015年8月には親会社の名鉄が撤退し、新たなスポンサーを得て経営再建をスタートさせたのだ。

集客の柱であるトーマス号については、2016年でライセンス契約が切れることもあってその動向が注目されたが、2017年以降も無事契約更新となった。やれやれといった感じだが、SL本体は古いハードだけに金属疲労でいつ寿命が来てもおかしくないなど、いずれにしろ悩みは尽きないんだよねえ。

第5章
日本一大きい「区」の葵区が抱える明と暗

政令指定都市の区として日本一の面積で得たもの

あの世界都市・香港とほぼ同じ大きさ！

2005年4月1日の政令指定都市化に伴い誕生した葵区は、静岡県の政治、経済の中心地で、静岡県庁や静岡県警察本部、都市銀行なども包含する。まぎれもなく静岡市3区の中心であり、静岡県の中心でもある。

しかし、その都市としての側面は、区の平坦地である南部に集中している。しかもその面積たるや猫の額。区の面積は実に1073・42平方キロメートルもあるが、約8割が北部の山間部・旧安倍郡なのだ。

ケタ外れの面積も、数字を見ただけでは実感が湧かないが、世界都市の香港が1104平方キロメートルだってことを考えれば、その異常なまでの広さが分かるだろう。片や世界都市、片や日本の地方都市の１区が同等の面積とは、にわかには信じがたい事実だ。もうひとつ例を出すならば、大阪府の面積は１８９９・２８平方キロメートル。仮に葵区にもうひとつ旧安倍郡をくっつければ、大阪府とも肩を並べてしまう。

もちろん、葵区の面積は区として日本一を誇る。しかし、当の葵区民は、日本一であることを知らない者が意外と多い。清水市との合併前から広い市だったので、もはや広さに麻痺しているのだろうか。そして市外はおろか区外の者は、駿府城から北に何があるのか、どういう町があるのかすら把握していないのが実情だ。

つまり葵区の大半は山であり、人口の大半は南の平野部に集中している。北部は南アルプスの山々が連なっており、日本で４番目に高い間ノ岳（標高３１８９メートル）の山頂を有している。人家はほぼ見当たらない。大都市を連想させる「区」に人が住んでいない地域が結構あるとは前代未聞ではないか。谷間には温泉が点在し、井川地区などでは秋の紅葉シーズンに観光客が訪れる。が、この井川地区は、市街地から車で２時間半ほどかかる。

しつこいようだが、これは静岡県の中枢都市の話であると共に、政令指定都市の話だ。登山に明るい人にはおなじみの日本百名山の赤石岳をはじめ、茶臼岳や鳥帽子岳も葵区に所在している。これらの名山の所在地に「区」が付くわけだ。また、南アルプスの山々には登山者用の山小屋があり、そこには静岡市営のものもある。山小屋のオーナーのオヤジが、政令市の役人ということになるのだ。何だか不思議な具合である。

区になって増えたのは過疎地と高齢者だけ？

葵区役所まちづくり振興課、および静岡市葵区自治会連合会では、38学(地)区と連合会が多いため、各地域間の連絡調整を図るべく葵区内を7ブロックに分けて、より緊密な連携を図っている。つまり、結局のところは区を7つに分けてしまった。地元の行政も広すぎて区分するのメンドイ！と感じているのかもしれない。

さて、葵区が「日本一の区」の面積になったことで得たものとは？と市街地の住民に話を向ければ、「特にない」と異口同音ににべもない。先述したように、区が広がったことや日本一になったことなど、住民は知らぬ存ぜぬ、興味なしなのである。

実際に得たものといえばまず、その世界スケールの大自然だろうか。景勝地、温泉などのレジャースポットが増えた。南アルプスというブランド観光資源を手にしたのは大きいかもしれない。しかし、それに伴い過疎地も包摂してしまったので、高齢者がグッと増えた。そして過疎地対策や他県からの移住定住促進という行政の仕事が増えた。

政令市になる前、2000年の国勢調査によれば、静岡市の65歳以上の人口比率は17・7パーセントだった。それが2005年、3区になって最初の国勢調査では、葵区だけで同22・1パーセント。さらに2010年には同25・7パーセントと確実に上昇。過疎地を取り込んで具体的に得たものは、地方交付税交付金ぐらいだったのかもしれない。

浜松市の天竜区しかり、やたらめったら行政区をデカくする傾向にある静岡県。しかし、「町・村の詰め合わせ区」や「浜松のお荷物」と揶揄され続けた天竜区もここ近年は、自らが田舎であることを自覚し、それこそ移住定住促進に注力している。「田舎暮らし先進地」として注目され、過疎地に若い世帯を呼び込むことに成功している。葵区に、果たしてそこまでの割り切りができるかどうか。「一応は県の中枢都市」としてのプライドと、もうしばらくは葛藤することになりそうだ。

※　※　※

「市街に出るまでの間の峠道とこっちでは天気が違う」。これは2016年に井川地区で直接聞いた話である。井川で晴れていても、峠にさしかかると雨が降っていたりするそうだ。しかもこの話は、たまたま井川に仕事で来ていた人に教えてもらったことである。話を聞きたくても、集落を歩いている人が誰もいないのだ。いや、もしかしたら歩いている人がいたとしても、年寄りだったりすると話を聞いても理解できたかどうか怪しいものだ。というのも、井川までの道すがらの集落で会った人に話しかけたところ、とんでもなく訛りがきつくて話している内容が半分ほどしかわからなかった。

井川の集落は半分が空き家になっているとも聞いた。筆者が足を踏み入れたのは、井川でも比較的開けたエリアで、そんなに奥まったところではない。だから宅地に廃墟を見つけることはできなかったが、それでも道路沿いには廃業した商店や会社の建物が廃墟となっていくつも残っていた。集落が消滅の危機に瀕していることは間違いない。

静岡の中心市街地から井川まではおよそ60キロもある。市街地を抜けて安倍街道に入るとまもなく「この先コンビニありません」という看板を掲げたコンビニがあったが、そこからも優に50キロ近くある。井川までの幹線道路は山道に入ると自動販売機すら見かけない。それでもジュースやタバコの自販機ぐらいは集落内にあるのだろうが、夜中にお腹が空いてカップ麺や弁当が食べたくなったり、晩酌のつまみを買いに行こうとすると、車で1時間半がかりで「最後のコンビニ」まで行かなければならない。現代のスピード感からは完全に取り残されてしまっているのだ。

静岡市は全国の自治体と同様に空き家バンクを設置している。そこに登録されている物件を見ると、葵区内では6件の登録がある（2017年1月現在）。しかしそのすべてが市街地に立地している。つまり、空き家だらけの井川には

全国の政令指定都市・全区の面積ベスト10

順位	行政区名	面積（㎢）
1	静岡市葵区	1,073.42
2	浜松市天竜区	944.00
3	札幌市南区	657.23
4	岡山市北区	450.75
5	広島市安佐北区	353.35
6	仙台市青葉区	302.27
7	浜松市北区	295.59
8	京都市右京区	291.95
9	静岡市清水区	265.54
10	相模原市緑区	253.81

※2012年5月現在

1件の登録もないのだ。これが現実なのだ。人がいない。店がない。大雨が降れば幹線道路すら濁流に飲まれてしまう。はっきりいってヨソから来る移住者にとってはハードルが高過ぎる（静岡市民でも市街地からの移住は考えられないはず）。何度も言うが、最寄りのコンビニまで50キロ！　なのである。今どき高齢者だってコンビニのヘビーユーザーは多いのだ。リタイヤ組だって移住するとなれば躊躇するだろう。それでも、山間部にコンビニがない理由が静岡に特有の閉鎖的商文化の影響というなら打開策もあるだろうが、顧客が少なすぎて商売が成り立たないのだからどうしようもない。

これでは人口を増やしたくても増やせない。葵区山岳地帯の前途は多難だ。

超エリート意識の呉服町でも今や、廃れ気味!?

呉服町の商店街凋落は他の商店街も道連れに

旧静岡市には10以上の商店街が点在し、かつてはそのどれもが活況を呈していた。主力の商店街は呉服町、七間町、駒形通り、浅間通りなど。なかでも呉服町名店街は、市内はおろか県下最大の繁華街として覇権を握ってきた。

今川氏の時代、呉服町は「駿府の本町」という位置付けで、当時から城下の主要地域だった。町名の由来は、今川時代末期（1560年代）から徳川時代初期（1620年代）にかけて絹座、木綿座の長であった伴野宗善（友野宗全）が住んでいたためとされている。その成り立ちを受け継ぐように、戦前までは10数軒の呉服店が通りに軒を連ねていた。

また、呉服町は東海道に近く、その時代から、多くの人が行き交う駿府の中心街だった。近代になっても県庁・市役所などの官庁や静岡赤十字病院、市立静岡病院などの総合病院が隣接したことで人の流れは活発だ。1940年の静岡大火や空襲によって壊滅的な被害も経験したが、老舗商店や新進の商店が互いに競争しつつ、常に商都静岡市の顔となる商店街の歴史を刻み続けた。

こうした由緒正しき歴史は、町人にとって大きな誇りとなっている。二丁目あたりの地価は、県内屈指の高さで、商店街のエリート意識は高まる一方であった。

が、この気位を堅持すべく、エリート意識はときに過剰なまでの保身につながることがあった。

個人経営店こそ善、大型店は悪という信条からくるもので、その風潮は市全体に波及。特に1977年には出店を表明したイトーヨーカドーに対して、地元の商業活動調整協議会（「大店法（略称。現在廃止）」により商工会議所に作られた。地元商業関係者や消費者、学識経験者などで構成、大規模店舗出店の際にその規模・内容などを調査・調整・審議する。1992年廃止）の委員たちが協議会の機能マヒによる出店計画停滞・阻止を狙い辞任。しかし商工会議所が委員を立てて結審。その強行結審に対し反対派が抗議の座り込みを行い、逮捕者が出る騒ぎに。その後も約10万人の出店反対署名を集めるなど反対運動は続き、最終的にイトーヨーカドーは大幅に規模縮小をして１９８６年開店。この一件は俗に「十年戦争」と呼ばれ、この時の反対運動の中心的存在の一つが呉服町の商店街だったともいわれる。

市内に初めて大手コンビニ（ローソン）が進出してきたときも、先頭を切って抗議したのは呉服町の商店街店主たちといわれる。このとき、24時間営業の商店の出店を認めないという趣意の条例を市に発布させたというのだから、並々ならぬ拒否運動だ。

これらのややや過ぎな手法は、揶揄されて「静岡方式」と呼称されるようになる。が、それもこれも、地域に根付いてきた商店街文化を守るため。「一店逸品運動（それぞれの小売店がオススメ商品を積極的に展開する）」や「ランドオーナー会議（商店街活性化が地主にも利益になるという認識のもとに交流・話し合いをする場）」といった取り組みで、長年、市街の情緒を保ってきた同商店街の功績は大きい。売り上げを根こそぎ本社に持っていく大型店では、必ずしも地元は活性化しない。こうして、同商店街には代々からの小店が残ってきた。しかしそれでも、大型店進出の波は食い止められず、ここに長引く不況も重なり、店を閉じる商店が相次いでいる。

伊勢丹を基点として呉服町名店街と交差し、旧静岡市の隆盛を支えてきたのが七間町名店街。その七間町南西にあるのが駒形通り商店街だ。ここはかつて、東海道有数の遊廓地帯だったこともあり、どこか猥雑だ。今も個性たっぷりの小店が存在し、何ともユルいムード。それこそ、呉服町名店街が展開している「一店逸品運動」を地でいくような趣さえある。

当然ながら、呉服町への客足の減少は、七間町や駒形通りにも影響を及ぼすのだが、それ以上に打撃を受けているのが浅間通り商店街だ。「浅間さま」をお参りするべく、静岡浅間神社の門前町として発展し、浅間神社正門寄りの1番街から駿府城寄りの5番街まで、南北600メートルのメインストリートを持つ商店街。客足の6割は参拝客。残りは、呉服町から流れてくる客だった。後者の客の意識は、むろん呉服町がメイン。浅間通りは二次的な目的地だったため、呉服町にシャッター店がひとつできれば、浅間通りの店はその倍、という図式になる。今、市内でもっとも「シャッター通り」の様相を醸しているのはこの浅間通りかもしれない。

かくして、プライド高き呉服町名店街が、このまま衰退の道を辿るようだと、ほかの商店街まで廃れてしまう。人々は、町に流れるエリート意識にはちょっと辟易しても、そのプライドで呉服町商店街の起死回生を期待している。

※　※　※

静岡市の中心部では、地主と商店主が同一でないことから起こる問題を解決するため、呉服町名店街が中心となって、10年ほど前に地主（ランドオーナー）と商店主（テナント）が協力し合う「ランドオーナー会議」を発足させた。この会議によって地主と商店主の良好な関係を保つことで、本編にもある通り、市街地の情緒が長年守られてきたのである。

呉服町商店街では、ランドオーナーにまちづくりへの参加を繰り返し呼びかけ、徐々にだが参加者も増えている。空き店舗が発生して後継のテナントを選ぶ際、ランドオーナーと呉服町名店街にふさわしいテナントを誘導するよう協議する機会を持つことができるようになり、良好なテナントミックスの構築ができるようにもなった。さらに（財）日本ショッピングセンター協会にも加盟し、「まちモール」化に向けた経営手法・ノウハウの導入も推進してきた。地主と商店主のすべてが、まちづくりの協定に従うことを義務付けることによって地域のにぎわいを維持し、かつ「一店逸品運動」の成功もあって、政令指定都市の商店街の中でもトップクラスの販売額を誇るまでになった。

しかし、呉服町商店街の通行量は年々減少しており、新たな対策が求められているのが実状だ。ランドオーナー会議への参加者は年々増えてきたといってもまだまだ少なく、商店街自体がその将来像を描き切れていないこともあって、良好なテナントミックスが充分に機能しているとはいえない。

実際、呉服町商店街では昭和期に建てられたビルの老朽化が進行して耐震化への不備が懸念される一方、2階以上の活用が進まず、1階のみで採算を得なければならないため、賃料も地方としてはかなり高額になってしまっている（東京の吉祥寺並みとか！）。片やテナント料の引き下げなど、ランドオーナーに不利な条件を承諾しなければならないケースも出てきている他、条件に見合うテナントが限定されて業種の偏りも避けられなくなるなど課題は多い。通りには全国チェーンの店やコンビニばかりが増え、商店街としての個性が失われてきているという指摘もあるのだ。

今後、東京オリンピックも控えて訪日外国人の増加も予測されている中、商店街ではインバウンド対策も叫ばれている。だがそれよりもまず既存の建物の2階3階を上手に活用することによって、商店街の「敷居を下げる」ことが重要なのではないだろうか。そうすることで資金力のあるチェーン店ばかりではなく、地元ならではの特色と個性を持ったお店もテナントして入りやすくなるはずだ。魅力ある商店街には、サービスの良さはもちろんのこと「多彩性」が必要不可欠。業種の偏りの払拭こそが、呉服町商店街が今後も活気を維持していくための重要なポイントになると思うのだが、どうなんでしょう？

映画館が軒並み撤退した七間町。かつては、スケートリンクやプラネタリウムもあった

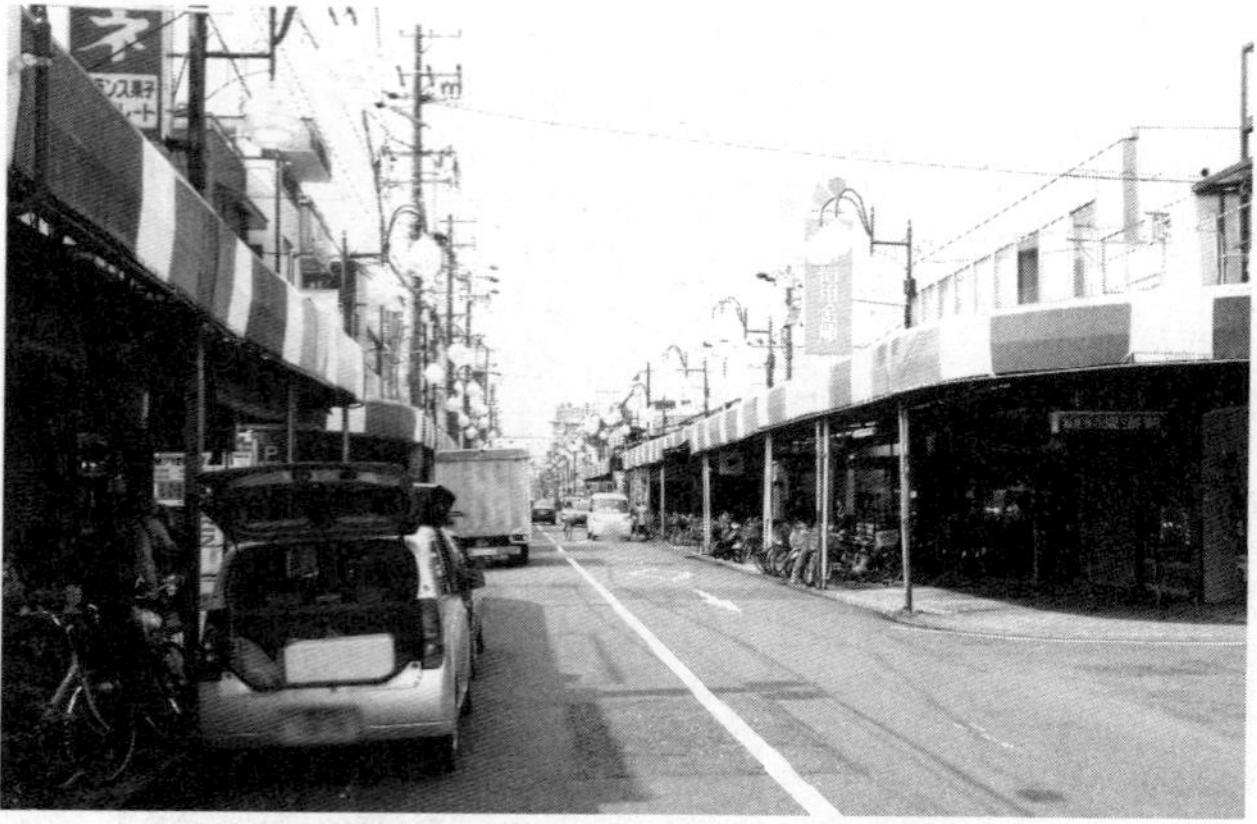

昭和の空気が漂う駒形通り商店街。2丁目には駒形神社がある

のぞみ通過駅静岡駅の憂鬱と新静岡駅の大逆転

新静岡駅の起死回生　セノバがオープン！

今、静岡市民のもっともホットな話題であり、ホットなスポットである。「セノバ」。

セノバのある新静岡駅にはかつて「新静岡センター」という駅ビルがあった。1966年にオープンした同センターは、いかにも地方都市のショッピングセンター然としており、市民に愛されていた。しかし、建物の老朽化や郊外の大型店の進出による客離れにより2009年1月に閉店。その後約2年半、新静岡駅周辺や鷹匠町、ペガサート周辺は急速に衰退していく。それだけに駅ビル建て替え計画、「新静岡セノバ」のオープンは同エリアにとって宿願であった。

セノバの注目度を上げた出来事はやはり、七間町にあった映画館がほぼすべてセノバのシネコンに移転したことだろう。これは静岡市文化の幕をひとつ降ろすことになった歴史的な事件だった。また、核となる商業エリアに入居する153店のうち衣料品店「ビームス」や「東急ハンズ」など、約半数が県内初出店だった点でも話題を集めた。これにより、静岡市の中心市街地での人の流れが、「鷹匠町・伝馬町エリア」へシフトしていくと予想された。

いっぽうで、同じ中心市街地で、限られた消費者を奪い合うのは不毛である、という老舗商店街の声も聞かれた。しかし、運営会社である静岡鉄道の酒井社長は「周辺商店街と取り組み、市街地全体のパワーアップにつなげたい」と協働を呼びかけた。また、「今の商圏だけでも約150万人いるが、首都圏にいったりインターネット通販で買物を楽しんだりする人も多いようだ。まずは地元の顧客を取り戻したい。それから山梨県や浜松市からの遠方からの集客を期待している」とも述べ、新東名高速道路や中部横断自動車道が全面開通に向けて工事が進められていることも追い風であると、付け加えた。

かくして、2011年10月に開業したセノバには、予想通り多くの買い物客が訪れ、約５６０台分の駐車場には山梨県や愛知県ナンバーの乗用車も見られた。酒井社長の目論見通り、他県からの動員を獲得しつつ、一度郊外店へ離れた顧客の回帰を促すという、十二分の手応えを見せたのであった。

「セノバ効果」は老舗商店街にも波及!?

セノバ開業後初の静岡商工会議所による「中心商店街の通行量調査」では、中心市街地全体の通行量が4年ぶりに増加と報告されている。最高地点は新静岡セノバ南口と静岡１０９を結ぶ「伝馬町・鷹匠／南口モール」の２万７３９５人で、新静岡センターが解体される前年より約1万人も多かった。

要するに、新静岡駅（セノバ）からけやき通りにかけてのエリアは、大型店舗の相乗効果で確実に人が集まる地域に変貌したのだ。老若男女、人であふれるっていうのは地方都市ではなかなかない。

対して、県都の玄関口・ＪＲ静岡駅周辺は？　新幹線「のぞみ」が通過するばかりでなく、人も通過することに。地下通路で新静岡駅方面へ、あるいは紺屋町地下街を抜けて呉服町方面へ、という人の流れだ。もちろん、駅周辺には多数のビルがありテナントも入っている。少し歩けばパルコもある。が、駅直近という目で見ると、ちょっと寂しい。ここで、2011年11月27日の10時〜17時、市内78地点観測での通行量データ・ベスト4をみてみよう（日曜日の昼）。

1位「伝馬町・鷹匠／南口モール」2万7395人
2位「パルシェ前中央地下道」2万6338人」
3位「呉服町／スターバックスコーヒー呉服町通り店・サンカメラ前」2万1952人
4位「松坂屋前中央地下道」2万1694人

ここからも、セノバ効果で鷹匠町・伝馬町エリアにも人が流れ、「東急スクエア」や「マルイ」、ひいては紺屋町の「パルコ」にも相乗効果が生まれた。呉服町や七間町も減少傾向にはあるが、「セノバがなければ、もっとヒドイ」という見解も。もともと静岡の中心市街は、効率的に集積した商業地区となっており、一度人が集まればあとは如才なく拡散する。その意味でも、セノバ効果は本当に大きい。

本編でも書いているが、セノバのオープン効果もあり、２０１１年の静岡市内の通行量調査でトップに輝いたのは、新静岡セノバ南口と静岡１０９を結ぶ「伝馬町・鷹匠／南口モール」だった。オープンからすでに5年以上が経過しているが、２０１６年の静岡商工会議所の通行量調査によると、セノバ前は3年連続で通行量トップだという。そんなわけだから、当然ながら周辺エリアに好影響を与えていて、同エリアのテナント賃料はセノバのオープン前と比べて10パーセント以上も上がり、地価も回復から上昇傾向で推移しているという。セノバはもはや静岡の中心市街地の賑わいの創出になくてはならない商業施設として、確固たる地位を築き上げたといえるだろう。

※　※　※

セノバの売り上げも好調で、２０１５年には過去最高の１８２億円を記録し、２０１６年はその前年を上回る勢いで売り上げを伸ばしている。県内初出店のテナントを数多く集積させることで、周辺の商業施設との差別化を図っていることが人気の要因で、若い世代を中心に静岡市内や県内のみならず、高速バスを利用して山梨県方面からわざわざ来訪する客も多い。

順風満帆のセノバだが、運営する静鉄プロパティマネジメントは、現状維持を良しとせず、「常に変わる」ことを意識し、2017年にはテナントの契約満了に伴い、オープン後初の大規模改装を行う予定だという。今回の改装では、業種や業態の比率を大きく変えることはなく、現在の143店のうち3割の区画を入れ替えつつ、強みであるセレクトショップなどをさらに強化していくそうで、ショップが頭打ちになる前に見直し、さらに新鮮さを維持する狙いもあるようだ。周辺では2016年の秋に丸井B館がショッピングモール「モディ」にリニューアル、パルコや松坂屋も2017年は節目の年度ということもあり、大規模なてこ入れを予定しているそうで、好調なセノバといえども周囲の攻勢に危機感を抱いているということなのだろう。

2011年10月のオープン以来、業績好調が続く新静岡セノバ。2017年には大改修を行う予定らしく、攻めの姿勢を崩さない

清水と静岡を結ぶ静鉄の起点、新静岡駅。セノバの開業で、明らかに人の流れが増えてきている

セノバから少々歩き、けやき通りの入り口に鎮座するのが若者の聖地・SHIZUOKA109（2017年に営業終了）

新静岡駅からけやき通りへと向かう道は、日中でも人通りが多く、元気な町を印象づける

目の前は南アルプス 北方市民の受験&買い物事情

市街地の家賃より定期代のほうが高い

葵区北端には、南アルプスの山々がそびえている。そして、「区の北部に人家はない」といわれていても、現実、住民はいる。不便なのだが。

公共交通機関網を見ると、最北端は「梅ヶ島温泉」バス停留所である。ちなみに、葵区で運行している民間バスは静岡鉄道の「しずてつジャストライン」のみだ。

さて、梅ヶ島温泉停留所と終点「新静岡」停留所までは約2時間。75もの停留所を経て。同じ区内にもかかわらず、市街まで2時間、である。東京の品川駅から静岡方面へ在来線でいったとしても、２時間あれば静岡の沼津駅までいけてしまうんだけど……。

さらに、梅ヶ島温泉〜新静岡の一般定期代は1カ月5万4540円。新静岡駅から10分圏内のワンルームの家賃相場が約4・5万円であることを考えれば、もう新静岡駅付近に住んだほうが安い。

通勤なら基本はマイカーだろうし、たとえバスでも会社から交通費が支給されるだろう。が、たとえば、学業優秀な子の通学、市内の塾通いはどうなる？進学校、さらにはいい大学に進学させたいのが親心。ところが市街地に出るには、交通費が膨大にかかる。「ごめんな太郎、大学は諦めてくれ……」なんていう事情もなきにしもあらずだ。晴れて、市内にある雄・静岡大学に受かったとしても、通学時間は2時間半〜3時間。学業以上に過酷な日々の通学に疲弊し、成績が下がってしまった、というのは実際の話である。

静岡市内でもっとも店舗数が多いスーパーが「しずてつストア」で、梅ヶ島地区から一番近い同ストアは「あさはた店」。しかしその距離約37キロメートル。自動車で換算すると1時間超。この事態に、しずてつストアは、2010年から「ネットスーパー」なるネット宅配サービスを開始。梅ヶ島地区はおろか井川地区、藁科地区まで配達エリアになっている。買い物難民ともいうべき、北方の高齢者にはうれしいサービスだ。

行政が運行するバスは北方への罪ほろぼし⁉

井川地区にはかつて、市から「赤字を補填」してもらいながら、しずてつジャストライン「静岡井川線」が運行していた。

市街地と井川支所がある「井川本村」までの距離は約60キロメートル。そこを静岡井川線は片道2時間半かけて1日1往復していた。しかし、市街地を朝に出発したバスが、夕方に井川へ帰ってくるダイヤのため、井川地区の住民が市街地の病院を受診するには「2泊3日が必要」という深刻な状況が続いてきた。その後、この路線は2008年に廃止。理由は「運行する57人乗りのバスに対して域内の利用者は平均3～4人。しかも、道路に狭わいな箇所も多く、すれ違い時などの安全を確保するために運転手とガイドの2人態勢での運行になり、極めて効率が……と」いうもの。市から年間約1000万円の補助金を受けていようとも、存続は困難だった。

となると、井川地区住民は大井川鐵道の1日4本しか出ない電車を待ち続けることとなる。そりゃむごいと、助け舟を出したのが行政。「井川地区自主運行バス」を上落合〜井川本村〜白樺荘間で運行することに。バスといっても10人乗り（乗客定員9人）のワンボックスだが、先述の利用実態を考えれば充分だ。しかし、走らせたら走らせたで住民は「高齢者ばかりなので乗り心地が不安」「診療所までいくなら、もっと本村のほうまで入ってほしい」「他の路線に乗り継ぐ停留所に待合室を作れ」「バス停まで1時間歩かなきゃいけない」と言いたい放題。

市が巨大になりすぎてしまったことで生じたほころびを、行政が必死にフォローしているわけだが、広すぎる面積はそんな思いを超越している。しかも、梅ヶ島や井川地区はバスが通っているが、葵区にはまだまだ北がある。これらの地区から区最北端の間ノ岳まではさらに45キロメートルほどあり、この間のインフラはどうするのだろう？　区が日本一広い面積ゆえの問題なのだが……。

※　※　※

先だって、土砂崩れのため接岨峡温泉駅～井川駅間で約2年半にわたって不通となっていた大井川鐵道井川線が、２０１７年3月11日に全線復旧することが発表された。振り返ってみれば、２０１１年9月の台風12号で通行止めになった三ツ峰落合線も、復旧まで2年半かかっている。葵区の山岳地帯は災害によって孤立する可能性が非常に高いエリアなのだ。交通インフラが寸断されれば買い物どころの騒ぎじゃない。通勤・通学にすら支障が出てしまう。

市街地まで往復するのに半日がかりでは、現役世代の定住は難しい。お受験どころか小学校の存続すら危ぶまれる状況だ。市としては市街地に移住してもらったほうが、ゴミの収集とか楽だしありがたいんだろうけど、住民の多くは高齢者で現実には難しいだろうなあ。

静岡市コラム 5

郊外化を防ぐ静岡市のまちづくり

モータリゼーションが進行している地方都市の多くで、消費の郊外化による中心市街地の空洞化問題が顕在化している。中心市街地の衰退は、地価の下落や治安悪化も引き起こし、都市全体の魅力や活力の低下につながる一方、市街地の広がりで道路や上下水道、その他の公共サービスを整備しなければならないエリアが増え、自治体の負担が増加するなどのデメリットがある。そのため、多くの自治体が都市の中心部に住宅や公共施設、商業施設などさまざまな機能を集約して、徒歩や自転車で移動できる程度の規模に市街地を収める都市形態「コンパクトシティ」への転換を図っている。将来的に都市が破たんしないためにも、中心部へ機能を集約することで、たとえ人口が減少したとしても、都市機能や地域の活力を維持したいという自治体の考え方がそこにはある。

この点でいうと、静岡市は地方では珍しく郊外化の波にさらされていない都

市のひとつだ。地形的に自然と街がコンパクトシティ化する強みもあるが、街中に活気があるのは、昔ながらの商店街と若者向けの商業施設の棲み分けがちゃんとできていると同時に、求心力の高いセノバや１０９、パルコ、マルイなどが多くの人を呼び込み、さらにそれらの人たちが商店街にも流れ込んでいくという回遊性をうまく作り出しているからである。

ただ、ここまでに至る道のりは前途多難だった。昔から「商業の街」として栄えてきた静岡市の地元商店街は、たびたび市街地への大型商業施設の出店を拒んできた。１９８０年代のイトーヨーカドーの出店反対運動をはじめ、２００９年には七間町から新たにオープンが予定されていたセノバへの映画館移転反対運動も起きている。しかし、結果的に大型店の開業は街中に人を呼び込み、通行量が増加したことで商店街にもそれなりの効果をもたらした。今では大型施設の開業を好機と見る向きも増え、さらに「I LOVE 静岡協議会」という、県の民放4局を中心に全部で450近い会員を有するまちづくり協議会も存在し、産官民が協力してまちづくりの計画が進められているそうだ。

というわけで、近年は市街地における大型の再開発事業が盛んに行われている。代表的なものでは、紺屋町地区の葵タワー（2010年完成）、呉服町商店街の北端の呉服町タワー（2014年完成）、さらに現在、呉服町タワーの隣接地に地上13階建ての複合施設が建設中（2018年完成予定）で、他にも2023年をめどに、静岡駅前の紺屋町・御幸町地区に高級分譲マンションを核とした地上30階建ての複合施設の建設計画がスタートした。2017年7月に完成予定の七間町のタワーマンションといい、どうも静岡市はタワー系施設の建設がブームのようだ。でも、タワー系施設の乱立は街中に人を呼び込むためのものではなく、単に政令市としてのステイタスシンボルを作りたがっているようにしか見えないんだけど、どうなんでしょ？

第6章
変わりゆく駿河区は文教地区にサヨウナラ

行政移転計画は白紙に
東静岡の再開発はどこへ？

それで結局駅前には何が建つの？

今、静岡市でもっとも注目を集めているスポットといえば、もちろんＪＲ東静岡駅周辺だ。貨物駅の跡地再開発として１９９８年に東静岡駅が開業して以来、周辺地域の再開発が進められてきた。最近では高層ビルが建ったり、企業が誘致されたりと、ようやく町としてのグランドデザインが目で見て分かる形で実現してきて、何やら付近一帯はプチ・バブルの様相を呈してきている。

そんななか、東静岡への行政移転の話が持ち上がったのだから、市民も慌てずにはいられなかった。事の発端は、清水市との静清合併にまでさかのぼる。そもそも合併による新市発足時の条例では、静岡市役所本庁の所在地を「静岡市葵区長沼６６３の９（東静岡）」に定めていた。新市建設計画では、静岡、清水、東静岡を３つの都市核と想定していたのである。しかし、周辺住民の反対にあい、また、財政的な事情もあり、東静岡の新市庁舎建設計画は一時凍結。その後はサッパリ音沙汰がなく、東静岡への行政移転も頓挫したままだ。

しかし、駅前の広大な土地を遊ばせておくわけにもいかない。そこで静岡市は、県に多目的アリーナの建設を求めたのである。もともと県側は、草薙総合運動場体育館の建て替えを進めていた。市側はこの案に反対し、代案として東静岡へのアリーナ建築を要求したのだ。このときに市側が論拠としたのが住民の署名であった。住民が要求しているのだから県営施設を東静岡に建てるべきだ、と。

ところがこの署名、「自主的に」協力するよう市役所職員に上意下達されたものであったことが判明。職員からすれば、拒否しがたい「市長からの強要」とも取れるものであり、事実上の「踏み絵」だったわけだ。このことが２０１０年５月23日付けの読売新聞にスッパ抜かれ、静岡市は全国に恥をさらしてしまった。

結局、東静岡駅北側の東静岡広場（多目的ゾーン）には、実物大ガンダムは立ったけれど、当時、そこに何が建つのかは誰も分からない。今後もまた政治的争点となりそうで、将来的な予測が立てにくいのだろう。周辺住民に話を聞いても、「何を作るのやら」と他人事のご様子。大山鳴動して鼠一匹、な〜んてことにならなければいいが……。

失策を払拭するべく東静岡に大橋建設

さて、東静岡駅の西側では、2013年3月の供用開始を目指して、2007年から東静岡南北幹線橋梁の建築が進められてきた。建設費は約65億円。市主導の新都市拠点整備事業のなかでも、かなり大がかりなものだ。これなども、地元のタクシー運転手にいわせれば「本当に必要なモノなの？」と、かなり懐疑的であった。

とはいえ、東静岡駅周辺では、東海道新幹線は高架ではなく路面を走ることになる。そのため、何らかの対策を講じなければ、駅の南北が分断されてしまう。

市側は、旧静岡市のようにしてはならない、と懸念しているのではないか。旧静岡市（葵区と駿河区）は、東海道線によって南北が分断されており、わずかな抜け道は一方通行ばかり。南北の交通はままならず、市内に住む者は長年に渡って誰もが不便さを感じていた。旧清水市との東西（葵区～清水区、駿河区～清水区）の移動のほうが、はるかにストレスがない。戦後、無計画に各地域が個別に発展した結果、東海道線が現在の葵区と駿河区を隔てるボーダーラインになってしまったのだ。

つまり、この過ちを繰り返さないためにも、東静岡の南北を結ぶ橋梁建設は有効だったのだ。

いずれにせよ、東静岡再開発は、行政の判断が間違っているとも正しいとも断言しづらい状況にある。時代の流れや今後の景気動向次第では、白にも黒にもなり得る。そのため静岡市民には、かつてないほどに、慎重な政治的判断が求められていたのだ。それなのに再開発バブルの熱に浮かれていてこの先どうなるのか危惧する市民は多い。

2012年当時、東静岡駅周辺は「東静岡駅周辺整備再開発事業」による都市開発が積極的に進められていたが……

マークイズ出店と同時に開通させる予定だった陸橋（東静岡南北幹線橋梁）も、3カ月後に開通がズレ込んでしまった

まだまだ終わらない再開発　東静岡はどうなるの!?

ビルが建って人口も増　加熱する東静岡バブル

近年の東静岡駅周辺の活況には目を見張るものがある。ＮＴＴドコモ東海静岡ビルや高層マンションが建ち、さながら「東静岡バブル」といった様相を呈している。

東静岡駅の一日の平均乗車人員も開業当初の１・５倍以上に増え、地元のタクシー運転手たちも「マンションには大学生や新婚家庭が着々と入居しており、明らかに人が増えた」と口をそろえる。

１９９８年に東静岡駅が完成して以来、翌99年には駅南口に静岡コンベンションアーツセンター（グランシップ）が完成したり、２０００年には市制１１

0年を記念して静岡「葵」博を開催したり、2006年にはバンダイホビーセンターがオープンしたり、2010年には実物大ガンダムが展示されるなど、東静岡駅周辺は常に話題を提供してきた。リーマンショックの波にも負けず、順調に発展してきたのだ。

東静岡が注目の的に　その魅力とは……!?

そのいっぽうで「本当に必要なモノを建てているの?」と、東静岡開発を疑問視する声も少なくない。そもそも、東静岡が注目されるようになったのは、「市街地の駅前なのに未開発の土地がある」という点に尽きる。そのような条件がそろう場所は、もはや日本全国を探してもめずらしい。そのため東静岡駅周辺は、この不況下にもかかわらず、商業地の地価上昇地区となっている。金の臭いを感じ取ったヤマっ気のある海千山千が寄ってきては、「バブルの夢よ再び」と色めき立っているように見えるのは、決してうがちすぎではないと思う。要するに、現在の東静岡周辺の地価は「現状の評価額」ではなく、あくまで「期待料込み」なのだ。

この局地バブルはいつまで続くのか？

しかし、それゆえにさまざまな立場の人々が、利権の綱引きをしているのも事実。行政側では、行政移転の話こそ流れたものの、やれ東静岡駅に新幹線が停車するようにはたらきかけたり、県営や市営の施設が建つのかどうか、いまだゴタゴタしている最中。

他方、民間では三菱地所と相川鉄工（藤枝市）が大型商業施設の建設を計画。しかし、区画整理の遅れにより、当初予定していた２０１２年春の開業には間に合わず、オープンが1年延期された。その間にシネコンや大型食品スーパーが出店を断念したこともあり、もはや東静岡がどうなるのか、市民レベルでは予測がつかない状況だ。また、商業施設に関しても、静岡駅〜新静岡駅のエリアにも近いし、南側の住宅街は駿河区役所に隣接するセントラルスクエアを利用しているため、いたずらに商圏を分散するだけではないか、とも危惧されている。そうした不透明性が、東静岡の「バブル崩壊」を内包し続けている原因、ともいえるだろう。

もともとこのエリアは、谷津山と八幡山に挟まれ、さらに国道1号線と東海道線が入り混じり、猫の額ほどの区画。公的施設にするか、商業施設にするか、あるいはマンションを中心とした住宅地とするか、早く「町の将来像」が見えてこないことには不安ばかり募ってしまう。「期待」と「不安」こそ、バブルを膨らませる二大要素だ。いつまでも少ないパイを奪い合っていると、結局どっちつかずになってしまうし、東静岡発の不況が静岡市を襲う、という最悪のシナリオも想定される。で、実際のところ、静岡市民のみなさんはどうしたいんですか？

※　※　※

合併した清水に配慮して、市役所の本庁機能を東静岡に移転する計画もあったが今は昔。それでも東静岡駅に周辺は急激に開発が進み、土地区画整理事業によって続々と分譲マンションが建設され、一時は地価上昇率で日本一にもなった。しかし、三菱地所と地権者である相川鉄工の共同開発で、２０１２年オープン予定で進められていた商業施設（マークイズ）は、１年遅れの２０１３年にようやく開業。それと同時に開通する予定だった陸橋（東静岡南北幹線）は、マークイズが開業した３カ月後に完成がずれ込むなどゴタゴタ続きで、周辺の開発が順調に進んでいるとは言い難い。実際、その後の目ぼしい動きとしては、北口に巨大な屋根付きの駐輪場が整備されたくらいで、期待とは裏腹にどうも尻すぼみ感が否めない。

東静岡駅北側の多目的広場は市有地で、アリーナ施設などの建設構想があり、駅南側の駐車場は県有地では、大学コンソーシアム施設などの建設構想があったが、その具体的な活用プランはなかなか出てこなかった。が、ついに２０１６年、市は東静岡駅北口を「文化・スポーツの殿堂」とするべく、２０１７年春の完成を目指してローラースポーツパークや芝生広場などの工事をスタートさせた。一方、南口の県有地の方も、県が２０１６年春に専門家会議を開き、東静岡駅と直結する大学コンソーシアム施設を含む複合施設のレイアウト案を提示した。ようやく新たな動きが出てきたものの、当初は声高に叫ばれていた「新都心構想」を考えると、今ひとつパッとしないプランなんだよね。

東静岡駅の目の前にそびえるタワーマンション「マークスアネシスタワー東静岡」は、東静岡駅周辺整備再開発事業の目玉のひとつ

予定よりおよそ1年遅れの2014年4月に開業したマークイズ静岡。開業当初は新たなランドマークとして期待されたが、若干苦戦中

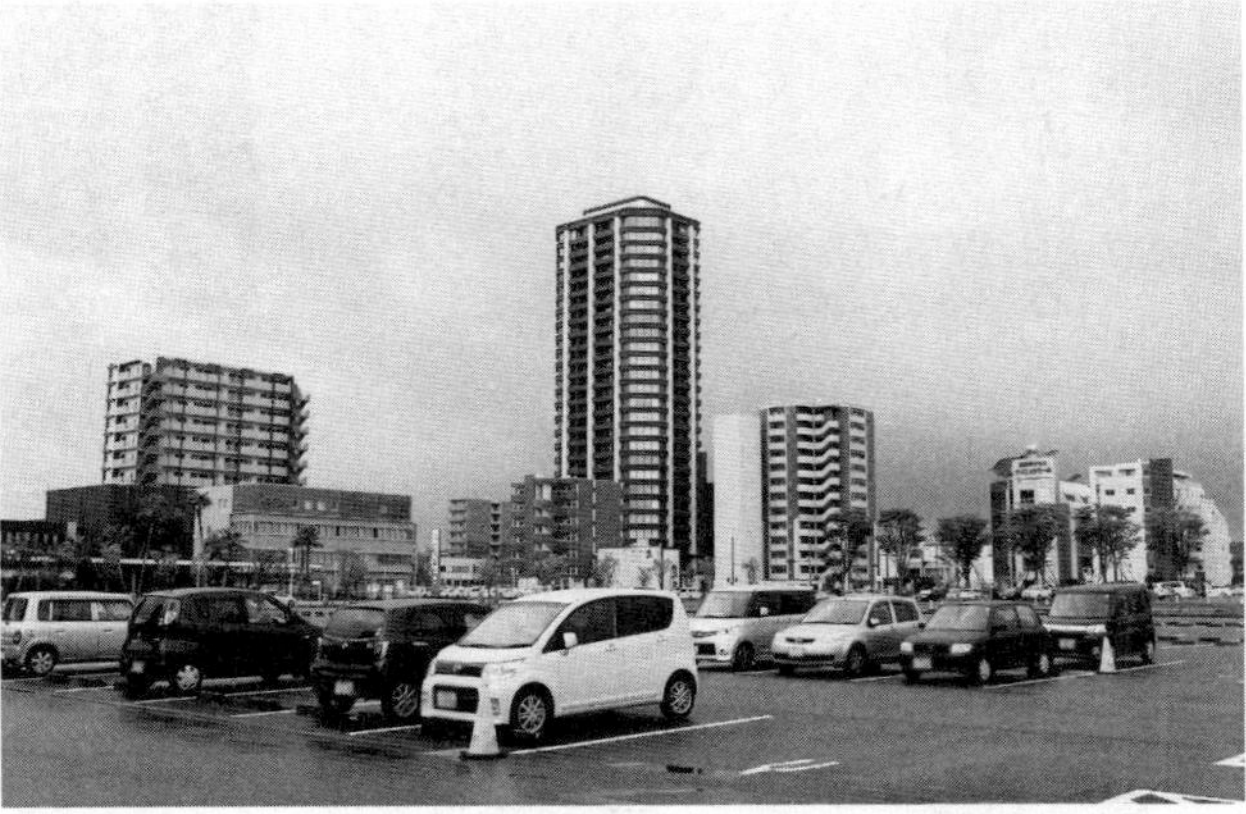

東静岡駅の南口一帯は県有地。大学コンソーシアム施設を含む複合施設の建設計画が浮上しているが、どうなることやら……

静岡大・県立大・英和学院大……静岡県下随一の文教地区

子どもの教育に適した郊外型ベッドタウン？

駿河区とひと口にいっても、駅南エリアや安倍川西岸エリアでは、その風俗や習慣は異なる。ある程度エリアを絞って見ていかないと、どうにも焦点がボケてしまいがちだ。そこで、ここでは清水区との境目にあたる有度丘陵（日本平）エリアについて述べていく。

清水区方面からだと大谷街道を左手に折れ、太平洋側に向かって大谷川と並行して走るエリアだ。東名高速道路を東京方面に走るとき、右手に広がる有度丘陵の斜面にへばりついているような一帯であり、「日本平の駿河区側」といえば分かりやすいだろう。

このエリアには複数の学校が建ち、市内でも有数の文教地区となっている。北から順番に見ていくと、2002年に四年制の男女共学化した静岡英和学院大学（旧英和短大）、静岡聖光学院中高等学校、国立静岡大学、県立静岡南高校と続く。そして大谷街道沿いの小鹿から大谷にかけては住宅街が広がり、高度成長期からバブルの頃には、典型的な郊外型ベッドタウンとなった。いわば「教育に適した住みやすい町」を標榜しているわけだ。

そこで勘のいい地元民であれば「ちょっと待てよ」と気づくハズ。そのコンセプトで成功を収めているのは、清水区の草薙だ。

「草薙になりた〜い!?」ハイソに憧れた庶民の町

草薙エリアは静岡と清水の中間点に位置し、有度丘陵の東海道側に位置している。静鉄の草薙駅から山を登っていくと、静岡県立大学と県立美術館が並び、少し離れて草薙総合運動公園が広がる。丘陵の中腹に開けた谷田の住宅街は区画が整備された閑静な町並みで、静岡と清水の両中心街へのアクセスもよく、市内屈指の高級住宅街として人気が高い。先述した駿河区側の文教エリアに連なる始点、ともいえるだろう。

要するに、駿河区の大谷街道沿いエリアは「草薙のようになりたい」わけだ。ハイソで周囲から羨望の眼差しを向けられるような住宅街に憧れているのである。

しかし、誠に残念ながら、そのイメージとは遠くかけ離れているのが実状だ。もともと農地だったところを切り開いて学校を建てたため、茶畑のど真ん中に校舎がポツン、ポツンと浮いているように見えてしまう。その異物感は、一種異様である。

また、周辺道路も元は農道だったため、どれだけ舗装しても狭いまま。通路というより隘路といったほうが正確か。メインストリートの大谷街道も道幅は狭く、車がすれ違うのにも苦労する始末。

丘を下った平野部に商業施設は少なく、日常の買い物は困難で、車を運転できなければ市中心部へのアクセスも悪い。そもそもこのあたりは、郊外型農業エリアだった。そのため、競輪場や少年鑑別所、肥料工場といった、人が多く住まないことを前提とした施設が多い。住宅街に不向きなのは火を見るよりも明らかではある。

マイホーム族がようやく念願叶って手に入れた一軒家なのに、道は狭くて危険だし、大谷川は氾濫するし、生活には不便だし、それでも若いうちはよかったけど、高齢化してきたら毎日の丘の上り下りがキツイし……。「こんなハズじゃなかった！」といったところが、偽らざる本心だったりする。高級住宅街を目指したはずなのに、どうしても「庶民の背伸び」感は拭えないのだ。

相変わらず大谷のあたりは農業振興地とされている。農業労働者の後継者は不足しているが、それなら都心で「脱サラして農家」に憧れる中年層をターゲットにしてはどうだろう？　ガチの田舎に比べればはるかに中心街へアクセスしやすく、都会暮らしへの未練もうまく慰められるし、農業へとシフトする際には最高にソフトランディングしやすい土地柄だと思うのだが。高齢化対策で高齢者介護施設は充実しているエリアだけど、そろそろ本腰を入れて若い労働人口を取り入れていかないと、「有度の姥捨て山」などと揶揄されてしまうかもしれない。さすがにソレは、口が過ぎたかかな？

昭和40年代から静岡県立大学や県立美術館などが建設され、芸術・文化・文教施設が共存する「文教地区」としての都市環境が形成されている草薙。市内でもっともハイソ感があるオシャレな街として知られ、歩くと住宅街の中に突然、隠れ家的な店が現れたりする。雰囲気でいうなら、東京西部の私鉄沿線のオシャレな住宅街に近い。そんなバツグンのブランドイメージを誇る草薙は、JRと静鉄の2路線が利用可能で、JRなら静岡駅までわずか6分、静鉄なら新静岡駅までわずか12分（急行なら9分）という利便性の高さも相まって、市内屈指の人気住宅エリアになっている。

※　※　※

というわけで、草薙ではこれまで都市開発が盛んに行われてきた。近年では草薙駅南口地区第一種市街地再開発事業により、2016年3月に27階建て、地上約110メートルのタワーマンション（マークスアネシスタワー草薙）が完成。さらに駅前広場の改修工事（2018年完成予定）も実施されている最中。一方、北口にも2016年3月に地上20階建て、地上100メートルの静岡銀行本部ビル（しずぎん本部タワー）が完成した。静銀は本部ビルの完成に合わせ、駅前から国道1号方面に延びる、一般市民にも利用可能な屋根付きペデストリアンデッキも建設した。

また、JR草薙駅は2016年9月に橋上駅舎（新駅舎はエレベーター、エスカレーター、バリアフリートイレを完備）と南北自由通路の供用を開始。さらに駅北口の新設に伴い、駅前広場やアクセス道、大型の駐輪場を整備した。今後、2018年4月に常葉大学新校舎が開設されることを踏まえ、「文教地区」の魅力をさらに向上させようと、さまざまな取り組みを行っている。

住宅地としての草薙の注目度と人気は益々アップしており、再開発で建設されたマンションは、販売すれば即完売の状況だという。今後も草薙駅周辺を中心に、続々とマンションが建設されていくことになりそうだが、市長の「草薙をパリの学生街〝カルチェ・ラタン〟のようにしたい」というのは、いささか盛り過ぎという気がしないでもない。

1987年に静岡薬科大学、静岡女子大学、静岡女子短期大学が統合して生まれた静岡県立大学

そこはもうすぐ日本平という立地の静岡英和学院大学。漫画家さくらももこの出身大学でもある

人口増加は吉報なのか駿河区駅南地区の陰影

駅南の住宅地に何やら異変が……？

旧・静岡市の時代から、静岡は東海道線によって隔てられてきたのは周知の通り。このうち静岡駅より南側のエリア一帯は駅南（エキナン）と呼ばれてきた。

駅南＝駿河区と混同されがちだが、より細かくエリア分けするなら、安倍川以東、ツインメッセ（旧産業会館）以西、東名高速道路以北を指す。駅南銀座の飲み屋街を除けば、基本的には住宅密集地帯が広がっているだけであり、住むには適しているものの、さほど面白みのあるトピックはない……と思いきや、どうやら駅南地区に静かな異変が起きている模様。駅南に何が起きているのか、見ていこう。

駅南には児童が増え、町にも活気が戻る！

駅南地区はごく一般的な住宅街である。中小の材木工場や金属工場が点在し、そこに働く人びとが周辺に暮らしていた。市街地にもバスで10分程度で出られるため、古くから住宅街を形成してきた歴史を持つ。第二次ベビーブーム世代が就学年齢に達した1980年代には、小学校は1学年が5クラスあるのが普通だった。やがて少子化にともなって児童数が減少していくと、ついには1学年40人を2クラスに分けるような有様だった。全国的な「少子化」の波を、ダイレクトに肌で感じていた地域ともいえるだろう。

しかし、近年では再び児童数が増加傾向にあるようだ。1学年4～5クラスを抱える小学校も存在するという。地元の不動産業者がいうには、「かつて田畑や材木置き場だった跡地に、規模の大きなマンションが建つようになった」ことが原因らしい。

静岡大橋東の交差点から中原～馬渕～中田と貫く大通りが完成し、交通の便がよくなり、かつての産業用地が宅地へと順調に再開発されているのである。さらに、静清合併後には駿河区役所の庁舎が新設され、大型ショッピングセンターも開業し、以前にも増して生活しやすくなったと評判だ。

前出の不動産業者は「マンションや住宅の主な購買層としては、お子さんが小学校に上がる前くらいの、比較的若いご家族が多いですね。東静岡付近は、投機目的の購入者も見受けられますが、こちらは完全に住居用です」とも話してくれた。やはり町に活気を取り戻すには子どもの笑い声が一番。住宅街・駅南は再生しつつある。

駅南人口増加の陰に隠された課題

とはいえ、見落としてはいけないのは、静岡市全体の人口は依然として右肩下がりである点だ。

市の出生率は、全国平均や県平均よりもやや低め。それでいて駅南は児童数が増えているのだから、要するに、他地域から人口が流入してきているわけだ。ワリを食った周辺地域が過疎化しているのも事実だろう。

また、駅南地区が「ひとり勝ち」しているようにも見えるが、この児童数増加は、人口の自然増加に依拠していない点も気がかりだ。将来の動態予測がつかないし、ある瞬間からパタリと人口流入がストップする危険性もある。駿河区が背負った課題は、かなり重いと考えていいのではないか。

※　※　※

地方都市の駅では、たいていどちらか一方の出口の周辺が栄えているケースがほとんどで、静岡駅でいうとそれは北口となる。とはいえ、静岡駅の南口も北口ほど栄えているわけではないが寂れた印象もない。そんなところは街全体に活気がある静岡市ならではだろう。

静岡駅の南口、東海道線の南側にあたる、いわゆる駅南地区の再開発は、過去に3回ほど行われている。1997年のホテルセンチュリー静岡の完成を皮切りに、2003年の水の森ビル事業と続き、つい最近の2016年には静岡駅前南口10地区市街地再開発事業で、駅南のランドマークともいえる「駿河スカイタワー」が竣工した。駿河スカイタワーは地上26階建てで高さは94メートル。マンション１１５戸と、コンビニ・飲食店・歯科医院などが入る複合ビルで、災害時など帰宅困難者の受け入れ施設も備えている。

駿河スカイタワーは住居の利用に加え、投資対象としての役割も期待されているが、基本的に暮らしやすさに定評がある駅南地区のマンションは、相変わらず住居用がメインとなっている。

駅南はカネボウ通りなど大通り沿いに各種スーパーが充実していることに加え、東名高速道路の静岡ＩＣは、たとえば中田からなら約2キロ程とアクセス抜群。さらに先のカネボウ通りに加え、国道1号など幹線道路も通っている。それにも増して、駅南がファミリー層に人気になっている要因は、子育て環境に優れているということ。保育園、幼稚園、小学校なども多く、選択の幅が広いこともママさんに好評のようだ。ちなみに本編の最後で、駅南の人口についての不安を述べているが、たとえば駅南の人気エリアである中田、石田、八幡エリアの世帯人口は、いずれも横ばいか増加で推移しており、人口の減少が問題視されている静岡市にあって、かなり健闘しているといっていい。

静岡市トピックス

意外と熱い？　静岡の野球熱

駿河区にある静岡県草薙総合運動場の野球場には、球場前に沢村栄治とベーブ・ルースの銅像が立っている。１９３４年、全日本チームに選抜された沢村は、日本野球で全米相手に１失点の好投を演じ、「日本球界に沢村あり」とその名を全国に轟かせた。その舞台となったのが、ここ草薙球場なのだ。日本野球史に残る「伝説」の発祥地であり、それを記念して銅像が建立されたのである。

また、本球場では、パ・リーグオールスター東西対抗が開催された（２００6年で終了）。かつては大洋ホエールズ、横浜ベイスターズが準フランチャイズとし、オープン戦や公式戦を開催してきた。そのため静岡には、昔から野球好きが多い。

全国的には「静岡＝サッカーの町」と思われているようだが、やはりサッカーは清水のもの。静岡は野球なのだ。

草薙球場の球場前には、1934年に実現した沢村栄治vsベーブ・ルースの記念像がある

２００７年に常葉学園（菊川市）が春の甲子園で全国優勝したときには、同じ静岡県民として、盛大に盛り上がったのは記憶に新しいところ。かつての盗塁王・大石大二郎（元近鉄、静岡商業出身）や、新浦壽夫（元巨人、静岡商業出身）のような地元出身のスター選手の登場を、多くの市民が待ち望んでいる。

ちなみに、草薙球場は改修工事を進められ、２０１３年度に竣工された。静岡市と浜松市が提携し、プロ野球の球団を誘致したいようだが、さすがにそれは話半分に、期待せずに聞き流しておくに限る。

静岡市コラム 6

客はくる、大物がほしい静岡競輪

静岡市内に唯一ある公営競技が静岡競輪だ。「ギャンブルは徳川さんの町にはなじまない！」という民意の成果かどうかは分からんが、パチンコ屋は結構あるし、この競輪場、今の時代にあって結構お客が入っている。すなわち静岡市民、こういった種目、決して嫌いではないのだ。といっても、全国的に競輪の売り上げは右肩下がり。どの競輪場も、入場者の大半が高齢者だし、未来が明るいかっていうと、そんなことはないのだが。

公益財団法人ＪＫＡのＨＰによれば、２０１３年度（２０１３年４月１日〜２０１４年３月31日）の入場人員は19万人強、車券の売り上げが約１３０億円。全国各地の競輪場の売り上げの落ち込みからすれば、大健闘の数字だ。以前から「静岡の特観席（特別観覧席）はいい。食べ物も安くてうまい」ってファンの支持もあるが、市による業務のテコ入れも見逃せない。２００８年度から事

業を民間委託し経費を圧縮。委託料は売り上げと連動させているため、受託側も企業努力するという好循環を生んだ。

そうはいっても入場者の多くが高齢者、加えて今や、ネットや携帯などで投票はもちろん、レースも見られる時代。静岡競輪にも、実は、経費がかかる自開催は年間で赤字、場外発売が大幅黒字という実態がある。要するに、ネット等で車券を買わない（買えない）世代が、開催日だけでなく、大レースの場外発売のたびに足を運んでいる、という実態が浮かび上がってくる。

こうした状況をどうやって打破するのか。それはズバリ、スター選手の登場だろう。大物選手がご当地出場とあらば、地元ファンのみならず、周辺地区から競輪ファンが訪れる。が、静岡県の競輪選手は2017年1月時点で111人いるが、静岡競輪場をホームバンクとする超一流がいない！ これは昔からで、静岡が属する「南関東ライン」（競輪界では、千葉・神奈川・静岡を含めて「南関東地区」という）に範囲を広めても、今や日本競輪学校の校長を務める滝澤正光（しかも千葉所属）だけって感じ。現状のエースはマーク屋の渡邊晴智選手だろうか。彼はGⅠタイトルを持つ一流だが、力のある先行選手あっての追い込み選手だけに、近年は苦戦するレースも……。競輪を盛り上げるのは、先頭を突っ走る先行選手。集客があるうちに大型新人が出てくれれば、静岡競輪のこの先は、また違ってくるはずなのだが、さて。

第7章
サッカーと港の清水は合併しても独立国家!?

マグロの水揚げ日本一！でも控え目な清水の漁業

冷凍マグロやツナ缶のモヤモヤ感ある日本一

名曲『旅姿三人男』によると、清水港の名物は「お茶の香り」と「男伊達」らしい。清水の男衆がみんな男伊達なのかはともかくとして、歌詞に「マグロ」の3文字がないのに違和感を覚える。これは戦前に作られた清水の次郎長の子分（大政・小政に森の石松）を歌った曲だし、当時はマグロ漁が盛んではなかった、といわれればそれまでだけど、現在の清水港はマグロ抜きでは語れない。何たって清水港は「マグロ水揚げ日本一！」を掲げている港だ。

が、この「水揚げ日本一」というのがクセモノ。調べてみると、焼津も和歌山の那智勝浦も「マグロ水揚げ日本一」の看板を掲げているじゃないか。複数の港が日本一を標榜しているのは、それぞれの港で一番多く水揚げされるマグロの種類が違うためにある。他港は「生マグロ」や「本マグロ」の水揚げが日本一で、清水は「冷凍マグロ」の水揚げが全国首位。２０１０年度の水揚げ量は13万トンと、全国シェアの50パーセントにもなるというから、堂々と「(冷凍)マグロ日本一」の港を名乗ることができるわけだ。

清水とマグロの関係を語るうえで、ツナ缶の存在も忘れてはならない。マグロの油漬けであるツナ缶は、ここ清水が発祥の地。１９２９年に県の水産試験場が製造に成功し、清水食品（現ＳＳＫセールス）が商品化したという。ちなみにこの清水食品、マグロが水揚げされる夏はツナ缶、冬はミカン缶を作って大成功したとか。これもミカンが採れる土地ならではの産業といっていい。その後、シーチキンの商標でおなじみ、はごろもフーズの前身である後藤缶詰も製造を始め、海外輸出から国内市場に目を向けたことで大ヒット商品となる。２０１０年の統計では、全国のツナ缶生産量・約2万7０００トンのうち、静岡県の生産量は2万4０００トンほど。実に全国シェアの88パーセントを占めているからスゴい！

マグロは清水の名物だとはいったものの、実際に清水駅を降りてもマグロのマの字が見当たらない。アピールがない。知名度からいっても、２０１２年、築地の初競りで１本５６４９万円の値がついた青森県大間のマグロは高級ブランドだし、神奈川県三崎では、具材にマグロを使ったとろまんにまぐろラーメンなど、町全体がマグロＢ級グルメで盛り上がっている。もちろん清水も港には河岸の市があって、新鮮な魚介類を手に入れられるが、逆にいえばマグロの町を実感できるのはそこだけだったりする。

とはいうものの、マグロの消費量は静岡県が全国１位で、清水港まで買いつけに来る人も多い。だいたい、清水は昔からマグロの加工業で発展してきたわけだし、地元民はしっかりとマグロの恩恵を受けている。つまり、地元は地元で十分潤っているし、ヨソから観光客を呼ばなくても、という感じがあるのか。あまり商売っ気がないのは、静岡市（静岡県中部）らしさとしておこう。

東京方面からの観光客に「別に清水まで行かなくても」という感覚があるのも確かだ。清水に行ったところで、そこにあるのはエスパルスとちびまる子ちゃんぐらいだし、旧静岡市や浜松に行ったついでに立ち寄る程度の町なのだ。

サクラエビのシーズンには目当ての観光客も増えるものの、そこに日本一のマグロがあるのに、これがサクラエビのついで程度とはもったいない。清水には必死になって宣伝している「もつカレー」があるくらいだから、「マグロカレー」があってもいいし、とにかく日本一のマグロでなんとかならないものかと思ってしまう。ついでとはいえ、立ち寄ってもなんにもなかったら、人心は「清水なんて……」ってことにもなりかねない。

まぁ、市場に出回る冷凍マグロの半分が清水港のものだと考えれば、どこにいたって「清水のマグロ」を食べられるわけだし、ツナ缶だって全国のスーパーで売っている。観光客からしたら、わざわざ清水に行かなくても、地元の人も、わざわざ清水に来てもらっても……という感じにもなっちゃうのかもしれないけどね。

※　※　※

２０１７年1月5日の日経新聞には、築地市場の初競りで大間産のクロマグロが史上2番目の高値で落札されたことが報じられている。だがこの記事は同時に、マグロの値崩れが起きている事実をより深刻に受け止める内容となっていた。記事によると、値崩れを起こしている原因は、「クロマグロの漁獲規制をきっかけに急増した冷凍マグロの在庫のダブつき」「養殖クロマグロの増加」そして「マグロ消費の減少」とされていた。マグロ消費の減少の理由は、魚より肉の消費量が増えていることや少子高齢化という見解が示されていたが、これについては若干の異論を挟みたい。そもそもスーパーに並んでいる魚を見てもマグロは高級魚で、冷凍マグロでも1サク1000円以上なんて代物ばかりだ。ITバブルが弾け、リーマンショックの追い討ちをかけられた2000年代は、サラリーマンの稼ぎが目減りし家計も逼迫していった10年である。マグロにばかりお金をかけてはいられない、というのが消費減少の裏にある消費者の心理だったんじゃないかと思うのだ。ちなみに同記事によると、家庭での魚の消費量首位の座は、2009年以降マグロからサケに移っているそう。魚の消費量自体が落ち込む中では、漁師町に活気を求めるのが無理というものかもしれない。清水のライバルの焼津も、漁師の数がめっきり減ってしまい活気が失われたと聞く。

その焼津は、清水以上に「マグロの街」という認識が薄い。いや、むしろ清水こそがマグロの街で焼津は「カツオの街」だと思っている。であるならば、誰はばかることなく「マグロの街」を標榜してもよさそうなものだけど、清水は相変わらずマグロのマの字もなかった。

かつての清水は半グレの漁師がゴロゴロいて、船を下りると夜の街でケンカをおっぱじめる輩も多かったとか。ヨソ者が次郎長通りをフラフラしていてチンピラに絡まれる、なんてことも日常茶飯事だったらしい（今の次郎長通りは寂れた商店街で見る影もない）。かつてのように荒くれ者が闊歩する街を取り戻せとはいわないまでも、せめて「日本一のマグロの街」を自負できるようなPRくらいはしてもいいんじゃないの？　と思うのだがいかがだろうか。それともPRすらどうでもいいくらい、静岡市内の中で旧清水市のポジションは低いのだろうか？

軍需工場から発展した臨海工業地帯

敗戦後に製塩から復活　長引く不況も港は元気

漁業で栄えた清水港は古くからの貿易港でもあり、関東大震災のときには、被災した首都圏の復興に利用するための輸入木材の貯木場も造られた。とはいえ、その貯木場は２００６年に使用が終わっているから、今は面影を見ることさえできない。

貯木場の代わりに清水港で目につくのが、日本軽金属などの工場群だ。そもそも、清水港や三保に工業地帯が広がっているのは、戦時中に造られた軍需工場が元になっている。１９４０年頃から日本軽金属、日本鋼管、日立製作所、小糸製作所、東亜燃料、のちに中部電力となる日本発送電といった大手企業が進出し、飛行機や軍用船、発動機に潤滑油などを製造していったのである。
工場ができれば労働者も多く集まるわけで、工業用水や道路、鉄道なども整備されていったから、清水の町は良くも悪くも戦争によって発展を遂げていった。

余談だが、先述したとおり、登呂遺跡は軍需工場の建設時に偶然発見された。昔は水田地帯だった土地に住友金属が軍需工場を建てる際、掘り起こした地中から木製品が発掘され、それをきっかけに本格的調査が行われ、歴史的な発見につながった。

脱線したが、清水には軍需工場があって、さらには航空隊基地や重砲兵学校などの軍施設も造られていた。そうなると、東京や大阪などの大都市を襲撃し終えたアメリカ軍の標的は、当然のように軍需工場がある町に向けられ、清水も空襲を受けた。結果的に被災者３万６０００人以上、死者３５０人以上、被災建物は８７００戸以上にも及んだとされ、旧清水市は、旧静岡市よりも落とされた爆弾の量が多かった。

また、立派な港があることから、潜水艦からも砲撃を受け、港にあった軍需工業は壊滅的な被害を受けてしまった。

敗戦後、軍需工場は当然、軍事用品を作っていられなくなった。そこで目を向けたのが塩（電気製塩）。港一帯にあった工場が次々に製塩業を始めた。もともとは漁業で賑わっていた港町とあって、次々と海産物の加工工場も造られていく。これには、一大消費地である首都圏に近いという清水の立地も、追い風となった。

町の発展は、鉄道からも見ることもできる。かつて江尻（現清水駅）と清水港を結んでいた小さな貨物線は、港が大きくなるにつれて路線を延長。その後、三保まで開通すると、三保にある工場に通う社員の足となり、一時は日本一の黒字路線となったという（この黒字とは、かかる経費に対しての収入の割合）。沿線には清水南高校・中学などの学校も多く、学生の利用者も多かったが、営業距離わずか8キロの路線が日本一の黒字路線とは、今の街並みからはまるで想像できない。

2009年の静岡市の調査によると、食料品製造業・化学工業・鉄鋼業・電子機械器具製造業などの工業産業分類において、清水区にある従業員4人以上の事業所数は７０６と、市内２位の駿河区の５１４を大きくリード。産業別では、はごろもフーズに代表される食料品製造業が１５３と断トツで、市全体の食料品製造業の６割以上を占める。以下、金属製品製造業、生産用機械器具製造業、電気機械器具製造業と続き、２００９年の製造品出荷額等は約９１００億円。浜松市の２兆９８０億円、磐田市の１兆６２００億には劣るが、清水区だけでこの数字は立派。静岡市の約６割を占める。２０１０年の全国港別貿易輸出額でも、清水港は成田空港や関西国際空港、東京港や横浜港などに次いで第９位（県内１位）。もともと清水市として独立していたわけだし、ひとつの区として見たら大きな数字でも、あまり驚かないのだが。

いっぽうで、長引く不況のなかカナサシ重工が突然の操業停止、ＪＦＥの清水製作所も閉鎖されるというから、清水の工業すべての景気がいいわけではない。それでも、減少傾向にあった清水港の輸出入貿易額は２００９年の最低数値からは盛り返している。そこに港がある限り、清水の港町根性は廃れない!?

忌まわしき「七夕豪雨」大雨で水没の危険は今も?

あの豪雨を防ごうと県の対策は万全か!?

世間では7月7日というと七夕のお祭りだけど、静岡県下の年配者にはあまりいいイメージがない。1974年に起きた「七夕豪雨」が思い出されるからだ。とりわけ旧清水市は、戦中に大空襲を受けたのも1945年7月7日というからなおさら。ダミアンの6月6日どころではない。

被害は甚大で、県下での死者は27名、全壊・流出家屋数32戸、床上浸水1万1981戸、床下浸水1万4143戸に及んだ。当時を知る人は今でも、大雨が降るたびに「こんな雨、七夕豪雨に比べれば」と切り出す。町を歩いていても「ここまで浸水しました」という標識があるから、被害の大きさを今も知ることができる。

旧清水市内を流れる巴川は、上流から河口までの高低差があまりなく流れが緩やかで、満潮時には海水が川をのぼってくるから、昔から大雨が降ると、河口付近で頻繁に洪水を起こしていた。海抜も低く周囲が湿地帯ということもあって、水はけも悪かった。護岸をコンクリートで固められた都会の川が、大雨からやや時間を置いて氾濫するのとは、同じ氾濫でもちょっと事情が違う。

そんなわけで、巴川を分岐させた放水路を造る大谷放水路計画（静岡県第４次総合開発計画）が持ち上がったのは１９５３年のこと。ところが、この計画には、土地買収の問題だとか、生態系が変わるだとか、そもそも流域（大谷地区）住民に知らせず行政が勝手に計画して……と反発があった。

なかなか着工できないまま、１９７４年の６月に「反対期成同盟会」が解散となり、ようやく「大谷川対策委員会」が発足する。これでひと安心かと思った直後の７月７日に七夕豪雨が起きたというのだから、なんとも皮肉だ。

その後、１９９９年５月に、構想から46年、用地買収に20年、工事費や用地買収費に５５３億円をかけてようやく「大谷川放水路」が完成する。とはいえ、あれだけの被害を被ったんだから、放水路を造っただけではまだまだ安心できないと、各地に遊水地を造ったり、学校の校庭には降った雨をためておく「校庭貯留施設」を造ったりした。その数、幼稚園から大学までを含めると巴川の流域だけでも約50カ所になるという。これだけ洪水対策をしておけば、どんな大雨が降っても、もう七夕豪雨のような被害は出ませんよ、というわけだ。

「清水＝洪水」脱却へ　対策工事は今なお進む

ところがである。静岡では大谷川放水路が完成した1999年以降だけでも、台風や豪雨で家屋の浸水などの被害が出ている。もちろん七夕豪雨ほどの被害ではないし、すべてが巴川流域の被害ではないから一概にはいえないが、相手は自然でもあり、水害をゼロにはできていない。

大雨や台風で河川が氾濫するというのは、何も巴川だけに限ったことでもないし、清水だけが洪水の被害に遭っているわけでもない。土地の事情もあるし、ある程度の被害は仕方のないことなのかもしれない。でも、「大雨が降ったら清水はいつも洪水になる」なんていわれたらいい気はしない。県としても河川を改修したし、貯留施設も造ったし、あとは何をしたらいいのか？　といえば、残されているのは下水道の整備ぐらいだろうか。先述したとおり、県全体の下水道普及率は低い。県の計画では、下水道の整備を巴川流域地区で重点的に行うとしているから、洪水対策には有効な手段と期待されている。とはいえ、県の洪水ハザードマップを見る限り、まだまだ巴川流域はどこも洪水危険地帯となっている。下水道だってすべてを整備するには時間もかかるだろう。

県としては、さらに巴川・大谷放水路一帯の地区を、時間雨量69ミリメートルという10年に一度の大雨が降っても対応できるように整備を進めるというけれど、想定外の雨が降ってしまえばそれまで（七夕豪雨は時間雨量76ミリメートル）。七夕豪雨ほどの被害はないとしても、いつまでも洪水の危険とは背中合わせの状況だ。

とはいえ、区民は雨を怖がってばかりではない。巴川流域の新築家屋は床を高くする自己対策を施しているし、「ここは気候は温暖だし、最近は台風も目前でそれてくれるから住むにはいいよ」と、清水駅前銀座商店街の店主たちは異口同音に明るい。のんびり、ほんわかした静岡気質に、港町らしい前向きさ、これが清水人というべきか。忌まわしい歴史としっかりと向き合い、今なお水害の危険にさらされつつ、さらに護岸工事で巴川は殺風景にはなったけど、清水の明るさは今も変わらない！

※　※　※

清水の市街地を流れる巴川は、昔から何度も氾濫を起こした「暴れ川」である。その対策として大谷川放水路や遊水地の造成をしても、清水では台風や豪雨でたびたび浸水被害が出ている。県としては河川改修や護岸工事を行い、10年に一度の大雨が降っても対応できるよう整備をするということだった。ところが、２０１４年10月に発生した台風18号で、巴川流域の清水区清水地区や葵区麻機地区で、計４５０個の床上浸水被害が出てしまった。当時、巴川の支流や水路からは泥水が溢れ、床上や床下の浸水被害を受けた家は片づけに追われ、被害後の対策に苦労しているという声が殺到したという。この件を重く見た県と静岡市でつくる流域総合治水対策協議会は、10年に一度の大雨を想定した河川整備計画をさらに増強することを決定。そして、被害が発生した要因を検証し、具体的な治水対策をまとめた。

それによると、協議会は巴川本川の断面を拡大する河床掘削について、現況から1、2、3メートルの3つの深さごとに治水効果のシミュレーションを行ったという。今後、護岸や橋脚への影響も考慮した上で費用対効果を検討して最適な工法を決めるそうだ。そうした掘削工事も含め、各種ハードやソフトの対策を2028年まで進めていくという。とはいえ、気候変動のせいか想定を超える局地的豪雨が発生する昨今、住民とすれば長期ではなく、早急に対策をしてほしいところだろう。

協議会は、「浸水への不安を一気に解消することは困難。施設整備だけでなく、豪雨時の適切な情報提供にも努め、地域住民と一体で治水と水害防止の対策に取り組みたい」という。災害に万全の備えというものはないが、住民の命と財産を守るため、行政には最善の努力をしてもらいたいものだ。

清水区（旧清水市）、巴川流域の主な水害

年月	降雨要因	総雨量	浸水家屋	被害額
1974年7月	台風8号と梅雨前線	508	26,156	213
1982年9月	台風18号	497	4,310	47
1983年9月	台風10号	275	1,190	12
1987年8月	寒冷前線	279	1,201	18
1990年8月	台風11号	216	574	9
1991年9月	台風17～19号	523	375	11
1998年9月	台風5号	248	821	13
2001年9月	台風15号	320	42	不明
2002年7月	台風6号	319	62	1
2003年7月	豪雨	345	806	不明
2004年6月	豪雨	368	383	不明

※1974年7月の台風は俗にいう「七夕豪雨」※総雨量はmm、浸水家屋は戸数、被害額は億円単位にて表示 ※水害統計、静岡土木事務所調査より作成。雨量は静岡地方気象台

かつて、ちょっとした雨でも氾濫していた巴川。東海地震発生時には津波による被害も懸念される

小学校から設備が充実「サッカーの清水」は不変！

愛すべきサッカー少年　野球なんかいらないよ！

マグロだ何だといってきたけれど、清水区民の一番の自慢といったら、何といっても清水エスパルスにほかならない。県内にはジュビロ磐田もあるし、かつてはアビスパ福岡の前身である藤枝ブルックスもあったように、静岡といったらサッカーであり、清水といったらエスパルスなのだ。

清水商業、清水東、東海大翔洋（以前の東海大一高といったほうが馴染みがあるだろうか）などなど、区内にはサッカーの名門高校がズラリと立ち並び、スター選手を含め数々のJリーガーを輩出してきた。清水の各校は、当然ながら全国区の知名度を誇っていて、清水の人にとって高校サッカーとは、春夏の甲子園（高校野球）以上に盛り上がりを見せる一大イベントになっている。

もともと静岡でサッカーが盛んになったのは、1924年に藤枝の志太中学校（のちの藤枝東高校）が校技としてサッカーを取り入れたのが始まりだ。それから清水でもサッカーが盛んになったわけだが、藤枝の場合、志太中学を中心とした活動であったのに対し、清水は町全体でサッカーを盛り上げていった歴史がある。

清水のサッカーといえば、堀田哲爾氏の存在を忘れちゃいけない。江尻小学校の教諭だった1956年当時、サッカー少年団を創設したその人である。氏の指導は、上級生が下級生を教えるという姿を生み、それはやがて指導者の育成にもつながった。こうして清水のサッカーは、少年レベルから全体的に底上げされたのだ。

Jリーグには清水出身の指導者も少なくない。今ではすっかり女優・長澤まさみの父として有名になったジュビロの初代監督を務めた長澤和明、解任されたけどフロンターレ元監督の相馬直樹、大榎克己と長谷川健太のエスパルス黄金コンビに、清水区民ならご実家がどこかも知っているという世界の風間八宏と、錚々たるメンバーが名を連ねる。

そんなわけだから、清水のサッカー教育はハンパない。放課後も夜遅くまでサッカーの練習ができるようにと、グラウンドに照明設備がある。それも公立の小学校に。これ、清水では常識かもしれないけれど、東京は私立の金持ち小学校だって照明なんかほとんどない（校内にエレベーターがあったりするけど）。ここまで設備が整っているんだから、子どもが家でテレビゲームばかりやっていたら、母親だって「外でサッカーしてきなさい！」といいたくなる。

そもそも、清水のサッカー少年は地元民にとっても愛されている。商店街が今よりずっと元気だった頃、高校のサッカー部員（特に清水商業！）が部活帰りに商店街を通っていると、総菜屋の店主に「おう、これ食ってけ！」と声を掛けられたものだという。今のスターであり、未来、世界に羽ばたく金の卵たちへの確かな愛情と期待感の表れだ。今ではそんなあったかい商店街も廃れ気味だけど、サッカー少年はいつの時代も清水のヒーローなのだ。

いくらサッカーが好きでも、清水と磐田とは別ものだ。Ｊリーグ発足時、ジュビロの前身であるヤマハとエスパルスの前身である清水ＦＣが合併したチームを作る案が検討されたものの、結局は破談となった。これも、「(お互いが)何で向こうのチームと一緒になるのよ?」と折り合わなかったから。清水区民の気質を考えたら、どんなことがあっても合併なんてしなかったと思うけどね。清水(静岡)にはプロ野球チームがなかったからこれだけサッカーが発展したという話もある。サッカー以外に娯楽がなかったとはいい過ぎだろうけど、2012年になって、そんな静岡にプロ野球チームを創設しようという構想が持ち上がった。どこからか誘致するのではなく、静岡市をホームグラウンドとする球団を作ってしまうというのだ。これに対し区民の声は「サッカーがあるのになんで野球?」と、まさに一蹴。清水はプロ野球の名選手・山下大輔を出した町でもあるし、野球が嫌いというわけではないんだけど、清水にはサッカーが、エスパルスがある。それが答えだ。

※　※　※

スポーツ強豪校はアマチュアスポーツの底辺拡大に欠かせない存在である。清水区民のサッカー熱の源泉は、間違いなく清水商業高校サッカー部の活躍にあったといっても過言ではない。

ところが２０１２年度をもって、伝統あるサッカーの名門校がその名を消してしまった。旧清水市民にとってこれは忘れられないトピックとなったことだろう。

それでも全国高校サッカー選手権制覇３回の栄光が消えることはない。清水桜が丘に校名が変わっても、ユニフォームの清商ブルーは引き継がれている。風間八宏、名波浩、小野伸二など数々の名選手を育ててきた大滝監督は一線を退いたものの、県の新人戦では３年連続決勝進出し、２０１４年にはインターハイ東海予選にも出場している。名門復活の日は近いとみていい。

Ｊ２落ちしていた清水エスパルスも、２０１７シーズンはＪ１昇格が決まった。暗いニュースが続いた清水のサッカー界にも、ようやく明るい光が差してきたようだ。

数々のサッカー選手を輩出してきた清水東高は、野球や弓道などサッカー以外のスポーツも盛ん

駅前に再開発ビルも登場 これで清水はよみがえる？

ここまで廃れた清水　起爆剤はサッカーだ！

ＪＲ清水駅西口のバスロータリーが整備され、13階建てのマンション・アトラス清水駅前も完成。駅舎も改修されているから、10年前とは清水駅前はガラリと様子が変わった。さらに「清水駅西 第一地区第一種市街地再開発事業」による「えじりあ」や、東口には清水文化会館マリナートなども建設されて、今の清水は再開発に忙しい。

西口の北側一帯は建設ラッシュで賑やかそうに見えるけど、その向かい、静岡鉄道・新清水駅へと通じる駅前銀座商店街、清水銀座（パル）商店街は、シャッターを下ろしたままの商店が増えた。あらゆる地方都市が抱える問題ではあるけれど、駅前商店街の賑わいとしてはとっても寂しい。

実際、駅前銀座商店街の1日の通行量は、1975年から2000年で4分の1と大幅に減少したとのデータがある。今やその数もさらに減っていることだろう。これだけ人が減ってしまえば、以前と同様な商売は難しく、空き店舗も増える。全国チェーンの居酒屋とはいえ、店が入っているテナントはまだマシだけど、マンションが建設されて人が増えるとはいいつつも、地元の商店街がこれでは流入民たちはガッカリするに違いない。これなら車で郊外に出たほうが大型店舗もあるし、電車に乗れば静岡市内もすぐ。ドリプラだってあるし、ますます地元のど真ん中が空洞化してしまう。活性化しているのは一部のゼネコンだけで（東静岡の再開発も含め静岡市は一部ゼネコンのバブルだったりする）、商店街は寂しくなるばかりな気がする。

そんな駅前銀座商店街には、かつて地方競馬の場外馬券売場を設置する話があった。とはいえ、馬券売場は各地で反対運動が起きたようにイメージもよくないし、商店街のど真ん中という立地も問題となり、結局は高層マンションに。もっとも、ＪＲＡではなく地方競馬では、馬券オヤジがどれだけ商店街を活性化させられたかといえば、甚だ疑問なんだけど。

そんな商店街とは対照的に、地上25階建ての再開発シンボルタワー・えじりあは、それなりの集客が見込める。１～２階の商業施設には、商店街に移って営業をしていた地元商店が戻ってきたし、さらにどれだけの魅力あるテナントを呼べるかであるが。

２０１３年１月には、えじりあの３～４階に市が運営する「こどもクリエイティブタウン ま・あ・る」がオープン。これは、小学生を中心とした児童に仕事体験をさせる施設で、市では年間10万人の入場者数を目標としている。清水はもちろん、県下の小学校も学習指導でくるだろうし、そこで遊んだ子どもたちが次は家族で来場するとなると、清水もちょっとは賑やかになりそうだ。京都にあった「私のしごと館」のように、税金の無駄遣いなどとボロクソいわれて閉館するようなことはありませんように……。

再開発といっても、人を呼び込み活性化するかはしばらく様子を見ないと分からない。ならば今できることとして、地元の力に頼るほかない。エスパルスを筆頭に、清水東が高校サッカーで盛り上げて、商店街でパレードをやるっていうのがお金もかからないし、何より街が明るくなる。そんな頼みの綱である清水の高校サッカーも、近年は静岡学園や藤枝東に押され気味で、2012年の全国高校サッカー選手権に出場した清商が、清水地区からは実に11年ぶりの出場だったというから寂しい。まずは高校サッカーがよみがえらないと、清水の街もよみがえらないんじゃない⁉　駅前で長年商店を営む店主いわく「清水文化会館もできて、観たいコンサートや展覧会もやってくれたら、静岡(市内)には出なくなるよ」。旧清水市民は清水愛に満ちあふれている。これを力に！(とはいっても簡単じゃないんだけどね)。

※　※　※

ＪＲ清水駅前はガラッと変わった。地元民に話を伺うと、以前の清水駅前といえば、ゴチャゴチャしていて洗練された感じはまったくなかったという。だが、今や再開発で駅の西口にはバスロータリーが整備され、天にそびえるタワーマンションも完成。その下層階は複合ビルの「えじりあ」(地名が江尻だかららしい)となっており、中には「静岡市こどもクリエイティブタウン ま・あ・る」という、子どものための社会学習施設も設置されている。さらに西友清水店のあった場所の再開発では、ビル２棟が建設される予定で、１棟はビジネスホテル（東横イン）になることが決まり（２０１８年中に開業する予定）、もう１棟は２０１７年春にマンションとして完成する予定で、１階にはスーパー（マックスバリュ）がテナントして入るようだ。一方、東口も「静岡市清水文化会館（マリナート）」が建設され、見た目にもだいぶスッキリと垢抜けた感じに生まれ変わった。

といっても、２０１６年に訪れた地元商店街は相変わらず元気がない。長いアーケードの清水銀座商店街は、平日の昼間とはいえ、人通りも少なくにぎわいとは無縁の状況だった。清水の商店街は空洞化によって衰退したといわれている。郊外型ショッピングモールの台頭で、静清合併が浮上する前から清水駅前銀座商店街の衰退は始まっていたが、それよりも規模の大きい静岡に買い物客が流れる、いわば「静岡の中心市街地への一極集中」が清水の商業機能の衰退を加速させたことは間違いない。合併が清水の衰退に拍車をかけた側面は確かにあるのだ。

だが、合併する前の新市建設計画で約束された清水駅前の再開発、上下水道の整備、小学校の耐震化など、清水のハードの整備は合併によって大きく進んだのは事実。ただ、清水復活の鍵を握るだろう都市開発に関しては、どうにも中途半端なものになっているように思えてならないのだ。

ＪＲ清水駅の周辺は静岡市の中心市街地の活性化を推進する「静岡市中心市街地活性化基本計画」のエリアに含まれており、観光スポットを中心として、観光産業の促進や活動にあたる人材の育成、交通アクセスの利便性向上などを進めることになっている。つまり、観光を軸に清水を盛り上げていこうという意志がそこには強く感じられるのだ。なるほど清水には景勝地の三保の松原や清水エスパルス、グルメではマグロなどキラーコンテンツにもなり得るような地域資源があり、静岡の中心部との差別化を図る意味でも観光に特化したまちづくりの方向性は間違っていない。しかし、先の再開発事業では、タワーマンションやら教育施設やら、はたまたスーパーの出店やら、どちらかといえば住民の居住環境の整備を中心に据えているかのようだ。まず住民の生活ありきなのもわかるが、観光を重点に置くというのであれば、その玄関口である駅前ぐらいは、観光客に「旅感」を味わわせるような工夫が必要なのでは？　えじ

清水駅周辺MAP

りあのテナントに大手居酒屋チェーンじゃ、趣も何もあったものじゃないし、そもそも駅前にタワーマンションなぞ建てず（もう少し駅から離れた場所に魅力的な住宅地を造成した方がよっぽどいい）、清水ならではの巨大な観光施設を作った方がずっと良かったように思う。そのうえで商店街にも観光客を誘導していく。ヨソ者にとってみれば、行ったことのない街の商店街を歩くのはそれだけで楽しいものだ（商店街としての個性は必要だけどね）。

静岡市は今後、清水を活性化させるため、どうやら「回遊性」や「滞在性」をポイントに据えたまちづくりを行っ

JR清水駅前の再開発事業が続いているが、西友の跡地はマンションのほか、ビジネスホテル「東横イン」の進出が決定した

ていく計画のようだ。清水港ではクルーズ船の誘致も積極的に行われており、乗客を清水の市街地などにうまく誘導できれば、かなりの経済効果も見込めるはずである。

筆者は清水の街中をグルッと回った。そしてそのポテンシャルの高さを強く感じた。人はあたたかいし、メシはうまいし、郷愁を感じる街並みは深い味わいもある。すごくいい街なのだ。清水の新たなまちづくりはまだ道半ばだが、必ず復活を遂げるであろうと筆者は信じてやまない。

昔はゴチャゴチャして垢抜けない印象だったJR清水駅前も、タワーマンションなどが建設され、洗練された感じに生まれ変わった

静岡市コラム 7

東海大学海洋科学博物館って?

三保の松原で知られる清水区は三保半島。その先端部にひっそり建つ博物館が、東海大学海洋科学博物館である。

何とも堅苦しい名前だが、読んで字のごとく、運営母体は東海大学。東海大学には海洋学部があって、その社会教育施設という位置づけだ。JR清水駅から出ている路線バスの行き先表示には、『東海大学三保水族館』とある。こっちのほうが場所のイメージがわくことだろう。

「大学」に加えて「博物館」なんて聞くと、学究の徒が、学問たらしめんために建てた、頭でっかちで小難しい施設? と思う人もいるかもしれないけど、そんなことはない。2階建ての1階が、いわゆる水族館エリアで、これがまた、玄人受けもすると評判だったりする。大学の研究施設という側面もあってか、その研究成果の表れでもあるのか、「とにかく展示生物たちの状態がいい」というプロ

の声がたくさんある。
入館してすぐの『きらきら☆ラグーン』には、おもしろ水槽が結構あって、とりわけ目を引くのが、ウツボ（ニセゴイシウツボ）がいったりきたりして、ときにはそこに居座っていたりする、ふたつの水槽をつなぐチューブ型水槽。偶然にも巨大ウツボがチューブいっぱいにとどまるシーンに出くわしたら、喜びと驚きで固まっちゃうかも。
もちろん、さまざまな魚たちが泳ぐ大水槽もある。「海洋水槽」と名付けられた深さ6メートル、幅、奥行きともに10メートルある水槽なのだが、実はこれ、巨大アクリルガラスをパネルに使用した世界初の水槽なのだ。

その周りには、アッとびっくり、全長5メートルを超える巨大な深海魚リュウグウノツカイの標本などが、圧倒的存在感で待ち受ける。駿河湾は日本で最深の湾であり、それを受けて、深海魚の研究が盛んに行われている証でもある。

2階は「科学博物館部門」と「機械水族館部門」に分かれていて、ことに注目は「機械水族館（メクアリウム）」。これは、水生生物たちの行動や機能を分析してロボットにした展示で、いかにも大学らしく、勉強になるし、それ以上におもしろい。

「子どものころはいったけど……」なんて声が多く聞かれるが、海獣たちのショーはなくても楽しめること請け合い。ただまぁ、余計なお世話を焼いておけば、やっぱりネーミング。どうにかなりませんかねぇ、お名前？　分かりやすい名称にしたほうが、お客さんがくると思うのだけど。

第8章
起こってしまう東海地震の防災対策

想定外を想定すべき新防災時代の方策とは？

東日本大震災の発生で東海地震対策は大丈夫？

いつかくる、絶対にくるといわれ続けて、まだこないでくれている「東海地震」。この地震は、太平洋側のフィリピン海プレートが、陸地であるユーラシアプレートに潜り込む境界になる「駿河トラフ」を震源として発生するとされている。文科省の地震調査研究推進本部による調査では、今後30年以内に88パーセントの確率で起きるとされているから、まだこないとはいえ油断はできない。

いわずと知れた地震大国である日本。とりわけ、静岡付近では記録に残っているだけでも、684年に浜名湖から紀伊半島までを範囲とする「東南海地震」、紀伊半島から四国沖までが範囲の「南海地震」と合わせて地震が発生していて、直近に起きた1854年の「安政東海地震」まで、約100〜150年周期で巨大地震の被害にあっている。

前回の地震からすでに150年以上を経過していることから、市民はいつ地震がきても……と防災対策は万全だ。静岡県でも、到達する津波の高さを想定してハザードマップを作成したり、「地震だ、津波だ、すぐ避難！」をスローガンに防災意識を高めたりしてきた。また、1995年に発生した阪神・淡路大震災の教訓からも「TOUKAI-0」（東海と倒壊をかけたもの）として、無料の耐震診断や設計・補強工事に補助金を出すなど、建物の耐震対策も積極的に行ってきた。

ところが、2011年3月に「東日本大震災」が発生すると、今まで誰もが想定していなかった被害が出たことで、静岡市も対策の見直しを余儀なくされることになる。地震の規模や被害もそうだけど、それ以上にあれだけの津波の被害を見てしまったら、静岡市沿岸部に住む人たちはたまったもんじゃない。

2012年3月には「南海トラフ（駿河トラフから四国沖まで伸びるトラフ）」

で起きる東海・東南海・南海地震の想定が見直され、静岡市では最大で10メートルの津波が到達するとも発表されている。

東日本大震災のときは、陸地を駆け上った遡上高は最大で40メートル以上になったと推測されていて、内陸も沿岸から6キロメートルまで浸水。勾配の緩やかな北上川では、河口から50キロメートルも津波が遡上している。同じ規模の津波が静岡市沿岸を襲ったらひとたまりもないだろうし、同じく勾配の緩い巴川は全長18キロメートルほど。50キロメートルの遡上など、想像するだけで恐ろしい。

避難訓練は万全も本番では機能しない!?

東海地震が発生した場合、駿河湾では、津波が最速で5分以内に到達すると想定されている。

こうなると、高台のない沿岸部では、揺れが落ち着いてから逃げるのでは遅く、揺れているうちに逃げ出さないと危険だということになる。静岡県では、地震発生から5分、５００メートル以内で避難できるようにと、市町が主体となって津波避難ビルを指定するなどしている。静岡市では２０１２年5月31日現在１１１の津波避難ビルがある。

また、町を歩いていて目にするのが海抜の表示。これは静岡ならではといっていいだろう。今、自分がいるところの海抜がどれくらいなのかを市民に意識させることで、津波への防災意識を高めてもらおうという試みだ。

市では、２０１１年5月に駿河区と清水区で津波被害を想定した避難訓練を実施した。そこで、

・海側にある避難ビルに避難するのには抵抗がある

・ＪＲの線路を横断するのに時間がかかる

といった問題点が指摘された。高いビルがあっても海に向かっていくのには抵抗があるし、2点目は、線路で南北が分断されている静岡市特有の問題だろう。

いっぽうで、２０１2年に県が津波浸水危険地域の住民を対象に行ったアンケートでは、東日本大震災直後に大津波警報が発表されても80パーセントの人が避難しなかった、と答えている。

震源地も遠いし、あの津波被害を見る前だったとはいえ、一番被害を受けるであろう沿岸部でこの数字はまさに想定外。これでは、いくら訓練をしたって意味がない（のどかな気質も影響しているのだろう）。そんななか、これまで市で行ってきた津波避難訓練の参加者は毎年4000人程度だったのに対し、東日本大震災発生直後の2011年3月15日、静岡県東部を震源とするマグニチュード6・4の地震が発生していることもあって、2011年には1万4000人が参加した。市民の防災意識は高まってきている。県や市の対策は次項以降で紹介するが、市民の意識が低ければ防災対策が万全でも意味がない。この意識の高まりがとっても重要だ。

東海地震発生時における静岡市沿岸部の津波高予想

駿河区西部	
用宗港	2.9m
広野海岸通沖	3.5m
安倍川河口	4.2m
大浜公園沖	5.9m
大里東小学校沖	6.4m

駿河区東部	
大谷放水路河口	6.5m
中平松沖	7.2m
久能山東照宮沖	5.0m

清水区西部	
駒越南町沖	3.2m
三保飛行場沖	1.4m
真崎海水浴場沖	2.1m
清水港内	1.5～1.9m
巴川河口	1.7m
清水マリンターミナル	1.9m
エスパルスドリームフィールド沖	3.1m
袖師埠頭沖	2.0m
興津埠頭沖	3.1m
興津駅沖	2.3m
興津川河口	2.3m

清水区東部	
由比駅沖	2.8m
蒲原駅沖	3.6m
富士川河口	2.5m

※津波の想定は静岡県第３次地震被害想定による
※静岡市「東海地震の津波による推定津波浸水域、津波波高図」より作成

それで本当に静岡は大丈夫!?
国が練ってきた想定と対策

東海地震の被害想定は甘い？ 甘くない？

起こってしまうであろう東海地震に備え、内閣府の東海地震対策専門調査会は、２００３年、被害が及ぶとされる１都８県についての被害想定を発表している。ここではそれらの数字を詳しく見てみよう。

被害想定は、阪神・淡路大震災の被害を踏まえ、地震の規模をマグニチュード８、発生時刻を阪神・淡路大震災と同じ朝５時、関東大震災と同じ昼12時、火災などの影響がもっとも多いと推測される夕方６時の３パターン、火災の発生も風速・毎時３メートル（阪神・淡路と同様）と同15メートル（関東大震災と同様）の２パターン、事前の予知情報の有無のように、想定されるケースを細かく分けている。

それぞれ最大被害数をピックアップしてみると、木造・非木造合わせて揺れによる建物被害が17万棟、液状化被害が2万6000棟、津波被害が1万棟、土砂崩れによる被害が7700棟、火災被害が25万棟の合計で最大46万棟（すべて全壊のみ）。死者は、揺れ・建物の倒壊で6700人、津波被害で2200人（最少で400人）、土砂崩れで700人、火災で1400人。合計で最大1万1000人としていた。

また2001年には、静岡県防災局も東海地震に関する「第3次地震被害想定」を作成。地震の規模をマグニチュード8程度とした県内の被害予測を発表している。

これによると、建物の総被害は全半壊・津波被害・火災など合わせて、前記を大幅に上回る最大77万棟余り。死者は、建物の全半壊・津波、火災等合わせて5800人で、そのうち津波での死者は220人となっている。

いっぽう、2012年5月に警察庁が発表した東日本大震災（余震含む）の北海道から中部、四国まで及ぶ被害を見てみると、建物被害は全半壊・一部破損、火災などすべて合わせて120万棟。死者は1万6000人弱（宮城県で9500人、岩手県で4600人）、行方不明者3000人強で、このうち津波（水死）による犠牲者は1万2000人だった。

もちろん、地震の規模も地形も異なるし、国と県が出した東海地震の被害想定は東日本大震災が起こる前の話だから、ふたつの地震の被害想定と実際の被害を単純に比較することはできない。建物の倒壊による死者の想定が、津波による死者数より多いのも、犠牲者の80パーセントが建物の倒壊によるものだった阪神・淡路大震災を参考にしているからだ。それでも津波の被害想定は少ない。津波の被害はさほど心配していなかった、ということだ。

被害が少ないことに越したことはないし、これまでの津波対策で十分、ということなのかもしれない。……だけれども、それぞれの数字を見比べると、東海地震の被害が本当にこれだけで済むのだろうか、という疑問が残るのも確かである。

被害想定見直しでどこまで軽減できる？

甘いと思われる国の想定も、１９７６年に地震学会で東海地震発生の可能性が指摘されて以降、１９７８年に「大規模地震対策特別措置法」が定められ、地震防災対策を行ってきた結果ではある。

１９８１年に新耐震基準が適用されたことにより補強等を行い、建物の被害は６万棟ほど減った。

また、河川や海岸の防波堤整備を１１０カ所以上行って、津波による建物の被害は１万５０００棟減、死者は最大で１４００人減。砂防施設や地滑り防止施設などの山崖崩れ対策によって建物被害は３０００棟減、死者は４００人減と、大幅に改善された数字が冒頭のそれである。

この東海地震の被害想定に比べてケタ違いの被害が出た東日本大震災も、被災した東北各県が地震や津波の対策を怠っていたわけではない。１９６０年のチリ地震の津波被害にあっているため、至るところに防波堤はあるし、岩手県釜石市には、ギネスに「世界一深い防波堤」として認定されている水深63メートル、全長2キロメートルの防波堤があった。それでも巨大津波で7割が破壊され、推定13メートルの津波を7メートルほどに低減させ、市街地への浸水も6分ほど遅らせる効果はあったものの、想定外の被害が出てしまったのである。現実的には、静岡県の第3次地震被害想定も2001年5月と古いから、そのままというわけでもない。その後、同年9月に「地震対策アクションプログラム2001」として見直しを図り、2006年に再点検をして「～2006」を策定。さらにそれを改善し、2011年に「ふじのくに津波対策アクションプログラム（短期的対策編）」も策定した。内容は次項で紹介するが、これで静岡もひと安心か⁉

改善された震災対策ですべては想定内になる？

追加された津波対策で防災対策は万全か⁉

前頁で触れた「地震対策アクションプログラム２００６」。これを簡単に説明すると、

・住宅、公共建築物等の耐震化
・救出、救助体制の強化
・地域の防災体制の強化
・避難生活支援体制の強化
・復旧、復興の促進

などなど、１２７のアクション（後に１減らし新規10追加）を盛り込んだもの。

これらの対策を行うことで、第3次地震被害想定で発表されていた5800人という東海地震での死者数を2900人にまで半減させる、としている。

各項目によって目標数値や達成時期は異なるものの、2011年度末までに当初の目標予定を達成できたものは69項目。完了・実施したのが23項目と、計92項目が対策済みだ。残りの項目については、当初からの最終達成時期が遅いもので2015年度末ということもあって、すべてが終わったわけではないが、作業は順調に進められている。

これらの対策で本当に被害を軽減できるのかは、物騒だけど地震が起きてみないと分からないところもある。とはいえ、現状でのベストは尽くしているのだから、ひとまずは安心しておこう。

さらに、これに修正を加えたものとして「ふじのくに津波対策プログラム」がある。かつての対策は2006年に打ち出されたもの。これで東海地震対策も大丈夫だと思っていたら東日本大震災が発生したため、津波被害に関する項目を強化したのが、この津波対策プロジェクトだ。

そのなかで一番に挙げているのが、携帯電話のエリアメールの配信や防災ラジオの配布などによる防災情報の伝達だ。沿岸部では地震がきてからテレビをつけて「どこが震源だったのかな？」なんていっている暇はないから、逃げながらでも状況を把握できるようにすることが大切となる。

この津波対策プログラムにしても、26項目のうち２０１１年度末までに６項目が終了、２０１２年度末までに終了するものが９項目。最終的には２０１５年度末までには完了。ただし、いくら改善したとはいっても、想定外の地震がくれば話は別。市民が日頃から意識を高めていくことが一番の対策なのだ。

津波の危険は分かっても静岡県人は逃げない？

ところが、２０１１年11月に県が行ったアンケートで、意外な結論を見る。「駿河湾内で東海地震が発生した場合、津波は、一番はやいところでは地震発生後どのくらいの時間で沿岸に来ると思いますか」という質問に、２００９年は50パーセントが５分以内、26パーセントが10分以内と答えたのに対し、２０１１年11月の時点では５分以内が40パーセントに減少、10分以内が32パーセントに増加と、なぜか津波到達時間の予測が甘くなっているのだ（正解は5分以内）。沿岸部の人だけを対象にしたものではないにしても、東日本大震災を受けたアンケートでもこの結果。大津波警報が発表されても逃げないし、津波がくるまで余裕があると答える静岡県人。くるといわれてなかなかこない東海地震が、もはや狼少年のようになっているのか。それとも「どうせくるんだからジタバタしても仕方がない」と腹をくっているのか。静岡県民は穏やかだとはいっても、ここまでのんびりしていて大丈夫⁉

東海地震の規模も被害も想定内にしなくては！

静岡県の津波対策検討会議の「津波対策の見直し報告書」にも、東日本大震災時、釜石市では小・中学校への日頃の防災教育のおかげでハザードマップなどにとらわれず、機転を利かせた避難行動をとることができた、とある。

静岡県人だって負けず劣らず幼い頃から何度も何度も避難訓練を経験しているのだから、意識調査の結果が思わしくなくても、市民からしたら「地震のことはさんざんいわれてきてるし、自分のやることとは分かってるよ」ということなのだろうか。でも、ちょっと引っかかるのが、「ハザードマップなどにとらわれず」という言葉。ハザードマップを過信せず、機転を利かせるのは訓練の賜物だとしても、それを信用するなというのは乱暴な感がある。釜石ではそれで無事だったからいいが、静岡市もそれを例に出して「静岡県民もハザードマップを信用しないで」というのでは、これまでの対策も意味がないし、市民は何を信用すればいいのやら……。

東海地震では沿岸部で津波、山間部で土砂災害、市街地では火災や交通機能の麻痺など、多くの被害が予想される静岡市。言い方は悪いが、東日本大震災が発生したことで、被害もその後の対応もそれ以外の諸問題も、今までの東海地震の想定が「想定外」だったことが判明した。無論、自然相手に被害ゼロは非常に困難なものと承知しているが、そうはいっても、実際に地震が起きたときには「想定内」となっている必要がある。静岡県が2013年度に発表するとしていた「第4次地震被害想定」を、しっかりと見ておく必要がある。

国の有識者会議の想定によると、南海トラフ地震による静岡県の被害は死者10万9000人（全国最多）、全壊建物31万9000棟（全国3位）、直接被害額19兆9000億円（全国3位）。340万人が断水し、240万軒で停電が発生するという。さらに静岡市への津波の第一波到達時間は地震発生の4分後。津波の高さは最大13メートルと予想されている。もしこの通りの結果になった日には、静岡市はまさにケタ違いの被害を被ることになる。13メートルの津波に襲われれば、役所などの行政機関を含めて市街地の多くは水没してしまうだろうし、安倍川沿いに津波が逆流すれば、内陸部の住宅地でも大きな被害が想定される。

※　※　※

ただ、これはあくまで「想定される最悪のケース」で、ここまで被害が大きくならない可能性もあるわけだ。でも気を抜いてはいけない。脅すつもりはないが、有識者が想定した規模を超える地震が起きる可能性は十分にあり得る。

東日本大震災のことを思い返してほしい。あの地震では巨大な津波や原発事故については「想定外」とされた。でも地震発生からしばらくして、東北の太平洋沖であのような巨大連動型地震が発生すること自体が、地震の専門家にとっては「想定外」であった、という事実が判明したのである。つまり、東北であんな巨大地震が起こると考えていた専門家はいなかった（危険性を指定していた大学教授もいたことはいたけどね）。ということは、専門家だからといってわからないこともいっぱいあるのだ。考えてもみてほしい。空の上のことは何光年も離れた星のことまでわかっているのに、地面の下は数キロ程度のことしかわかっていないのだ。これだけ科学が発達しているのに、いまだに正確な地震予知すらできないじゃないか。

地震はいつ起こるかわからない。だったら、いつ大地震がきてもいいよう心構えと準備をしておいて損はない。被害にあってから「想定外」と騒ぐより、「想定外」は起こり得ることを想定しておいたほうが間違いはない。そうはいっても、万が一のことは考えられないものだけど。

静岡市コラム 8

地震で気になる浜岡原発の行方

地震が起きると津波だったり土砂崩れだったり、ある程度の被害は予測できるけど、東日本大震災ではまったくの「想定外」の事故が起きてしまった。東京電力、福島第一原発事故だ。

これには中部電力浜岡原発も安閑としてはいられない。浜岡原発の建つ御前崎は、まさに東海地震の震源地とされる場所。しかも最新の想定では、地震発生時には最大21メートルの津波が到達するとされた。運転を中止して津波対策の防波壁を建設してはいるが、福島の事故を目の当たりにしてしまったら、それが高さ18メートルではどうしようもないだろ、と思う。

とはいえ、中部電力側は「21メートルの津波がきて発電所の敷地が浸水しても、高台に置いた資機材で対応できる。福島と同じようなことにはならない」と再稼働に前向きだ。実際に2012年4月に行われた御前崎市長選では、再稼

働に前向きな姿勢だった現職市長が、反対派の新人候補を破って当選。御前崎市など地元４市は原発を停止したことで、２０１１年度の原発関連交付金が10億円も削減されている（支給は17億円）。原発の利権で潤ってきた町だけに、いくら世間で原発反対運動が起きても、経済的に苦しむ地元は金がほしい。生きていくためには原発が必要だ、という状況については理解できないこともない。

　中部電力には、２０３０年までに原子力発電の比率を14パーセントから50～60パーセントに引き上げることを盛り込んだ「経営ビジョン２０３０」という計画があった。これまで計画されていた三重県芦浜地区や石川県珠洲市（関西・北陸電力との共同運営）での原発建設が中止されていて、中部電力で所有する原発は浜岡のみ。ただでさえ原発での発電量が少ないのに、その浜岡も停まっている状態では、原子力発電50パーセントという計画が進むことはない。新たな原発を建設するためにも、「どんな地震や津波がきても浜岡は安全だ！」とアピールしなくてはならないのだ。ちなみに、この経営ビジョンが発表されたのは2011年2月24日。東日本大震災が起きる直前だったのだから、中部電力にとっても、まさに地震は「想定外」だったに違いない。

第9章
静岡市の未来とは？

東に首都圏、西に名古屋 静岡市は通り過ぎる町？

スルー都市・静岡にいったい誰がした!?

改めて思うに、静岡市（あるいは静岡県というべきか）は東西をつなぐ交通の要衝だ。だからこそ東海道が走っているわけだけど、反面、物資も人間も通過する憂き目にあっているフシがある。

江戸時代なら、徳川家が鎮座する駿府が、単なる通過点で許されるはずもなかったろうが、世は平成。徳川の歴史が幕を閉じて150年に近づこうとしている。

現実、東を見れば富士山、富士山の先にはとんでもない消費地、およそ1300万人が暮らす東京があり、もっといえばおよそ3400〜3700万人の首都圏(東京都市圏)が広がっている(人口は定義によって差異がある)。そして、西を見れば、同県のライバル・浜松市、その先には人口226万都市の名古屋市、総人口900万人に達しようかという中京圏が広がり、さらに西には京都、天下の台所・大阪が構える。やっぱりそう、静岡市は、超がつく大都市のパイプ役なのだ。嫌ないい方をすれば、スルーされている。

そもそも、新幹線だ。すでに述べている通り、東京〜新大阪間を約2時間30分で結ぶ「のぞみ」は、当たり前のようにビュ〜ンと通過。下りでいえば、新横浜を出た「のぞみ」は、浜松もぶっ飛ばして名古屋まで停まらない。静岡駅に停まる新幹線は「ひかり」と「こだま」のみ。県庁所在地とあって、それなりにあるビジネス等での来訪者は、遠方からだとちょいと面倒くさい。かといって「のぞみ」の静岡停車は「速い！」がコンセプトだけにあり得ない。それを期待するのはお門違い、本末転倒である。

とはいっても静岡市は、東京からも名古屋からも「ひかり」で約1時間。遠からず近からずの距離であり、「本当に面倒か？」と問われるとそうでもない。単に微妙な距離がよろしくないのだ。「あえていくまでもないか」と、観光客にそっぽを向かれ気味な要因は、半端な近さにもある。

わが町に観光客よと新東名は起爆剤に？

今に始まったわけでもないし、地理的な問題を呪っても仕方がない。だいたい、スルーするのは鉄道だけでなくクルマもだ。

東京と名古屋を結ぶ東名高速道路は、下り線でいうと、清水に入って日本平あたりの山々を回り込むように走り、静鉄の県立美術館前駅と県総合運動場駅の中間地点を南進、やがて再び海沿いへと抜ける。市内には由比パーキングエリア、日本平パーキングエリアとパーキングエリアがあるが、「トイレに寄るかなぁ。浜松までいっちゃうか……」と、都内に住むクルマ好きの50代男性。ましてや、わざわざ清水や静岡などのインターチェンジで降りて、名古屋や京阪地方へいくついでに、まずは静岡市内観光を、なんてルンルンな人はゼロに等しい。ついでにいうと、東名高速、台風が接近してくるとモロに高波の影響を受けるため、下り線の富士～清水インターチェンジ間がしょっちゅう通行止めになる。スルーどころか、市に入ってもこれなくなるのだから笑えない。「静岡市内に観光客を、お金を落として」という希望を乗せて、２０１２年４月に開通したのが新東名高速道路だ。市も観光の起爆剤として期待を寄せてはいるが、現実はそう簡単でもない。だって「市内を通っているけど、インターもサービスエリアも市街地から遠くて何もないとこじゃん！」っていう葵区の半端な地域なのだ。かつては沼地（湿地）で何にもなかったところに道路ができて、はいまた通過していくんですねぇ〜と、「スルー再び」を危惧する声も少なくないのだ。

確かに、静岡サービスエリアには、地元の名産品などを扱う店もあって、それをメディアが取り上げ、ＳＡ観光は失敗していないようではある。ところが、それとて高いテナント料が問題になっている。地元の小店は、おいそれと出店できないのだ。これについては、民間だけでなく行政のプッシュ、個ではなく面で戦うための組織が必要だ。

実際「富士の国農家直売協同組合」なる組合が発足し、静岡市だけでなくや広域で、名産品販売に力を入れているが、こうした動きを行政、ひいては地

新東名の開通効果について、地元民の多くは遠距離のアクセスが向上したことより、防災機能が向上したと感じているようだ

元民がみんなで後押しすべき時代にあるような……。

　せっかく新東名ができて、たとえば、そこからちょっと頑張れば温泉地があるのに、「どうせ遠いし伊豆や箱根には負けるし」とか「食えないこともないから宣伝しなくても」という頭では、市北部に多い限界集落はいよいよホントーに限界を迎える。「どうにかなるさ」の静岡人気質は前向きでいいが、活気あるまちづくりのために、今はどうにかすべき時じゃないのかなぁ。

合併しても静岡と清水はどこまでいっても平行線？

温厚な静岡人のなぜ？　対清水になると……

「えっ、清水市ってもうないの⁉　どうして？」

これって、都内あたりで「清水市と静岡市って合併してるんだよ」と話したとき、たくさん聞かれるリアクションである。

「そんなのニュースを見ない、興味ないヤツらの話だろ！」と地元のみなさまから突っ込まれそうだが、そんなもんなんです、本当に。

なぜかって？　全国へのアピール、せめてあってほしい東京への観光などのアピールがないから。あっても、あまり気づかれていないから。

2003年4月1日、大合併を果たした旧静岡市と旧清水市。ことの経緯は

4章等で述べた通りだが、外部がしっくりこないのは、当事者同士がしっくりきていないからである。

そもそも、徳川城下町で武家や商人の町として栄えた静岡市街地。気性はおおむね温厚。というか「どうにかなるさ」の精神で、「俺もヨソさんのことをそんなにいわないから、静岡市のこと、勝手にいわない（批評したりしない）でくれ」って感じ。温暖な気候に育まれて、基本的には「おだやか、のんびり、ときにゆっくりしすぎ」が旧静岡市民の気質だ。

なのだが、自分たちのことをいわれるのはどうも苦手。そこには、城下町然としたプライドの高さがチラホラ。「静岡はいいとこなんだから！」と、にべもない。

とりわけ、旧清水市との比較になると色めきたつ（人が結構いる）。「清水？港町だからねぇ。荒っぽいし人間が全然違うよ」とか、こちらが引くほど平気で嫌味たらたらな人もいる。

いっぽうで、「清水は清水で完結している感じ。焼津や藤枝からなら結構、静岡市内に飲みにくる方もいますが、清水からはあんまり……」とは市内のバ

―店主。こちらは冷静に、「清水との別物感」を分析してくれた。

ともにある深い郷土愛　きっかけさえあれば

他方、旧清水市民は静岡市側をどう思っているのか？　答えはズバリ、好きじゃない。なぜか？　答えはズバリ、偉そうだから。

長年の住民感情のもつれだろうから、何にしても時間が必要な問題ではある。でも、これでは、東京や大阪で、静岡市が70万人超の人口を抱え、とっくに政令指定都市だってことを知らない人が多いってのも道理じゃない？　やっぱり、まとまらないと！

話を、清水から見た静岡に戻すとしよう。

そもそも清水には、漁港だけでなく、港湾基地の性格を持った港がある。これがとにかく大きい。物が集まれば人も集まる。不景気が日本全土を覆って久しいが、そうはいっても港は多くの雇用を生む。さらに清水には、観光名所もいくつかあって、三保の松原や日本平は、首都圏に住んでいる人なら、地名を知らない人のほうが少ないのでは？　おらが町の人気者、何たってサッカーJリーグの清水エスパルスがある。

が、なのだ。合併したからといって、これらに「静岡の」という冠をつけると、何だか聞く側も慣れてなくてややこしい。

要するに清水は、清水の誇りとして、清水の日本平や清水の三保の松原をPRしてきた。それが実って、それなりに観光客を集めてきた。ところが合併で、「静岡の日本平」「静岡の三保の松原」など、「静岡の」という冠がつくようになったのが納得いかない。「静岡の三保の松原って、どこだっけ？」とかいう、薄れたイメージが許せないのだ。

が、よ～く考えると、静岡も清水も郷土愛にすぎる結果じゃないの？　過ぎたるは及ばざる……であろう。お互いに、あまりにもタイプの違う自己完結型都市としてやってきただけに、心から受け入れるのが怖いのかもしれない。

片や漁港や工場を持つ元気な町、静岡側の印象からすれば「元気すぎる町」清水、片や「まぁここはひとつ穏便に……（そうでないと怒りますよ）」と顔と心は裏表、「プライド高き」静岡といったところか。そりゃあ、雪解けに時間もかかるのだろう。

でも、平行線を続けていてもラチが開かない。清水区を「しずおか港町・清水地区」とか、駿府城公園〜日本平・久能山東照宮を「しずおか徳川歴史地区」とか何とか、行政区とは別の呼称をつけてアピールしたらいいのに。

でも、市や県のお役所さんに、こうした気持ち、あるんだろうか。彼らときたら、清水の高校サッカーの代名詞である清水商業（キヨショー）を統廃合によってなくしてしまったメンタリティである。それだけに、よもやないとは思うが、清水エスパルスを静岡エスパルスなんて名前に変えないでくれっ！　これぞ、全市としてイメージダウン甚だしい。

政令指定都市・静岡の命運を握る清水の再生

人口70万人の維持が政令指定都市には必要!?

さまざまな角度から静岡市を見てきた本書だが、最後の最後、静岡市の現状における問題点をまとめ、その将来を論じていきたいと思う。

静岡市は昭和と平成の大合併で、北は南アルプス山麓の村々と、南は駿河湾沿いの20万都市・清水を筆頭とする1市2町を版図に組み入れ、超巨大な市域を手に入れると共に、政令指定都市への移行を果たした。

政令指定都市になれば、都道府県で行われる行政の一部が移譲され、独自に運営することができるようになる。つまり、税金の使い道を独自に決定できるのだ。たとえば道路の整備や公共施設の建設など、通常は県や国への届け出や許可が必要となるが、政令指定都市では独自の判断に依るので、スピード感のある実行が可能となる。何にせよ市民の意見を素早く反映できるし、市が思い描くまちづくりを進めていけるというのは、大きなメリットだろう。

もちろん政令指定都市にはデメリットもある。それは都道府県との二重行政問題だ。政令指定都市は都道府県とほぼ同格に扱われるので、いわば県の中に県ができるようなもの。そうなるとどうしても県と政令指定都市の間で似たような事務が重複するようになり、行政費用が増大して無駄も出てしまう。

この二重行政をめぐっては、静岡県と静岡市が火花を散らしている。２０１5年に開かれた関東知事会議で、静岡県知事が「静岡市には権限や財源を差し上げてきたが、自立の成果が出ないのであれば、市の中に県が権限と財源を下ろして一体になるのがひとつのやり方だ」と、県主導で一元化を進める考えを表明。しかも静岡市を構成する葵、駿河、清水の3行政区を東京23区のような特別区に格上げして、それぞれが地域の実情に即した政策を推進していく構想であることも判明した。

こんな過激な意見が出てくる背景には、静岡市が抱えている大きな問題がある。

国の政令市移行の人口要件の緩和によって、人口70万人で政令指定都市になった静岡市だが、人口の減少が続いており、今や70万人を維持できるかの瀬戸際に来ている。２０１５年の国勢調査（速報値）の結果でも、人口は70万人ギリギリで、前回（２０１０年）からの減少数（1万９５９人減）を考慮すれば、次の調査ではおそらく70万人を割り込むことが濃厚。それゆえ、県知事から「今後、静岡市が政令指定都市として運営を続けていくことは困難」という指摘もされてしまうのだ。

当然、こうした知事のコメントに静岡市長は猛反発。２０１６年以降も何かと知事と市長のバトルは続いており、知事が静岡市の事業に口出しをする事態にまで発展している。２０１６年末に開かれた静岡県・静岡市・浜松市による県・政令指定都市サミット（G３）では、会のテーマでなかったにもかかわらず、静岡市が進めている「桜ケ丘病院の市役所清水庁舎への移転」に、「病院が津波浸水想定区域内だ」として移転に反対する知事が噛みついた。「静岡市政のことに口を出し過ぎだ」と語気を強めた市長だったが、そこはやはり静岡市が政令指定都市としての「結果」を目に見えるかたちで出していかなければ、市長の反論にしても説得力がない。

市の中心部の整備・開発優先で周辺部は置き去り

人口問題の解決に頭を悩ませている静岡市が現在、積極的に推し進めているのはコンパクトシティ化である。コンパクトシティ化とは、都市の中心部に住宅や公共施設、商業施設などさまざまな機能を集約して、徒歩や自転車で移動できる程度の規模に市街地を収めること。静岡市でいうと静岡駅周辺の中心市街地に都市機能をギュッと固めてしまおうというわけだ。

こうした施策の犠牲になるのは周辺（郊外）部である。コンパクトシティ化が進めば、都市部への集中とは対照的に、周辺部の過疎化が加速度的に進むのは道理。とくにもともと高齢者が多く、過疎化が進んでいた葵区の山間部は、このまま有効な対策を講じない限り、本当に限界集落化していくことになるだろう。ただ、もともと山間部との合併については、過疎問題の抱え込みも織り込み済みだったわけだから、現状の静岡市のコンパクトシティ化の動きは、「田舎の切り捨て」といってもいい。

さらに静岡市中心部と山間部の構図は、実は清水にも当てはめることができる。政令指定都市になるために静清合併の実現は必要不可欠だったが、合併して清水は良かったの？　という意見は今も取り沙汰され、清水では住民レベルでもそのことを強く感じている。合併で清水には、ごみ処理や水不足などの問題が解決されるメリットがあった。

一方、まちづくりに関していえば、ＪＲ清水駅周辺の再開発事業が進められ、合併特例債事業で清水文化会館マリナートは建設されたものの、これらに関しては、傍目から見ると「合併したからとりあえず」的な感じが否めない。合併が協議されていた当時、合併後の新・静岡市のグランドデザイン（都市計画）は決められていたというが、果たしてＪＲ清水駅周辺をきれいにしてハコモノを作ることは清水の再生に有益なのか、どうも場当たり的で深慮遠謀が感じれないのだ。清水の中心部は、コンパクトシティ化によって発展し続ける静岡駅周辺のあおりを食って、にぎわいを喪失してしまっている。結局、市が中心市街地を優先し、清水の再生に有効な手を打てていない現状では、清水民に「切り捨てだ」といわれても仕方がない。

だが、清水が再生することこそ、現在の静岡市が抱える人口減少阻止の最大のポイントなのだ。清水区では２０１０～15年の間に人口が８６９２人も減少している。同時期の静岡市トータルの人口減少数が１万９５９人だから、約80パーセントが清水区で占められている。つまり、コンパクトシティ化の推進で静岡駅前をいくら整備しても、清水をないがしろにしていたら、最終的に政令指定都市としての体裁は保てなくなるということだ。当たり前である。20万都市の清水と合併したからこそ静岡市は政令指定都市になれたわけだから。

静岡と清水の連携は静岡市の発展に必要不可欠

静岡は商業都市、清水は漁師町と個性はまったく違う。市民の多くも「静岡と清水は別物」だと考えている。別物であるなら、そもそも似たような方向性のまちづくりをする意味はない。

商業都市の静岡は「プチ東京」「プチ渋谷」といわれようと、このまま東京化を進めていけばいいと思う。細かく見ていけば問題点や課題もいろいろあるけれど、衰退する地方都市が多い中で、あの活気やにぎわいを創出しているのはたいしたものだ。対する漁師町・清水の目指すべき方向性は、「観光都市化」にあると思う。駅前にどでかいタワーマンションを建てるより、駅前をもっと観光地然としたつくりにできないものか？　清水は日本一のマグロの街なのに、歩いてみるとマグロをウリにしている感じがしないのは残念極まりない（魚市場だってマグロ感が足りないような気がするんだよね）。由比あたりとセットで「サクラエビ日本一」と「マグロ日本一」を、住民にも自負できるようなPRをすべきだろう。とくにマグロは冷凍だが品質は一級品。1年中美味いマグロがふるまえるのだから、清水が「マグロの街」を前面に押し出してアピールすれば、マグロ目当ての観光客で引きも切らない神奈川の三崎のようになれる可能性も秘めているのではないか？　市には清水の積極的な観光開発を期待したいが、豊富な地域観光資源（マグロ、三保の松原などの景勝地、清水エスパルス、ちびまる子ちゃんなど）を欲張ってなんでもかんでもPRせず、いずれかに絞って集中的にアピールした方がいい。見本とすべきは呉服町商店街の「一店逸品運動」。自信のある逸品をとにかく推すべきだ。

また、清水を観光地として猛プッシュすることは、観光面で行き詰まりを見せている静岡市全体にも好影響を与えるに違いない。東京と名古屋の間でスルーされる街に過ぎなかった静岡市には、客を呼び寄せる「静岡ならでは」のコンテンツが足りないのだ。静岡市がこれまで観光のウリにしていた富士山・お茶・家康は、静岡県全体のイメージとかぶり過ぎて、ヨソ者にすればあまり静岡市の特色という感じがしない。こうした状況を打破できる可能性を秘めているのが清水の観光地化であり、その整備・PRはもとより、静岡の中心市街地から清水エリアに人を誘導する仕掛けも必要となってくる。いずれにしろ、静岡・清水両エリアの連携は必須なのである。

静岡と清水の別物感は今後も変わることはないだろう。しかし、お互いの長所を認めあい、利用しながら共に発展することは可能だし、それがひいては静岡市全体の発展にも繋がるはずである。静岡市が文句なしの政令指定都市として成長するために切磋琢磨するライバルは浜松ではなく、内にアリなのだ。

活気が見られない清水の地元商店街。生活感のある商店街もいいけど、清水の街全体がもっと観光地化を意識してもいいのでは？

政令指定都市の一部とは思えない葵区の山間部。高齢化と過疎化が進んでおり、静岡市のコンパクトシティ化は不安材料

セノバから松坂屋まで続く中心市街地のけやき通り。見た目がプチ東京と揶揄されるが、地方都市とは思えないほどの賑わいがある

あとがき

２０１６年９月、翌２０１７年１月に刊行された『これでいいのか静岡県』の取材のため、静岡県中をくまなく取材してまわった。その時点で２０１２年刊行の『これでいいのか静岡市』の文庫版である本書の刊行も決まっていたので、新刊本の取材に加え、文庫版を改訂する必要もあり、２０１２年当時と現在の違いを確認しながら、広大な静岡市を改めてまわってみた。

文庫版では、テーマによって現在の状況を加筆している。さらに最後の最後に新たな静岡市への提言も掲載している。前回の最後の提言はタイトルが「静岡と清水で二極化も本当のライバルは浜松市」というもので、対立軸の浜松市を敵ではなく、静岡市が競争相手として意識すること。と同時に静岡人の浜松市への優越感をたしなめる内容だった。ところがあれからわずか４、５年足らず、静岡市を取り巻く状況は変わった。静岡市は人口の減少で政令指定都市の体裁が保てなくなる危険水域に足を踏み入れようとしている。楽観的な静岡人にして「どうにかなるさ」といっていられない状況で、もはや対浜松どころの話じゃなくなっている。そんなわけで、静岡市の将来のため、人口減少が顕著な清水区の再生を提言し、旧静岡と旧清水の連携が必要不可欠だと述べた。

とはいっても、静岡と浜松の強いライバル心が無くなったわけではない。両市が「近くて遠い国」だという地元の感覚は相変わらずで、現地を取材すると、県都の静岡人は浜松に対して優越感を持っているし、浜松人はそんな上から目線の静岡人に対抗心を燃やしている（ライバル心でいえば浜松人の方が強い！）。というわけで、終わりに当たって両市を対決させてみると、市街地の賑やかさは一方的に静岡の勝ち（浜松の市街地の衰退は酷い！）、片や産業ではやはり世界的メーカーが立地している浜松が優勢。観光ではインバウンド対策で勝る浜松の勝ち（静岡県内でもっとも外国人観光客が多いのは浜松だ）。まあ結局、何にしろ両市の直接対決の決着はつかないのだが、「あっちよりもいい都市になろう」と両市が切磋琢磨してきたことは確かである。

ゆえに静岡市はいつまでも強い存在であらねばならないのだ。浜松市も弱い静岡市では拍子抜けである。静岡市が政令指定都市として恥ずかしくない都市であってこそ、静岡県の真の発展があることを静岡市は肝に銘じてほしい。

参考文献

・武田静澄、吉田知子
『静岡の伝説（1978年）』　角川書店　1978年
・静岡県日本史教育研究会
『新版 静岡県の歴史散歩』　山川出版社　1992年
・静岡新聞社出版局（編）
『新聞に見る静岡県の一〇〇年』　1999年
・水野誠一
『静岡県は大丈夫か？』　野草社　2002年
・静岡新聞社
『ぐるぐるマップ しずおか茶本舗』　静岡新聞社　2004年
・静岡県観光協会、静岡新聞社
『ぐるる静岡ものしり事典』　静岡新聞社　2007年
・静岡県総務部防災局
『自主防災組織活動マニュアル』　静岡県総務部防災局　2007年
・上利博規、滝沢誠（編）
『静岡の歴史と文化の創造』　知泉書館　2008年
・静岡市
『静岡市の商業―平成19年商業統計調査結果概要』　静岡市　2009年
・静岡市経営企画課
『第2次静岡市総合計画 2010→2014』　静岡市　2010年
・静岡市
『静岡市の工業―平成21年工業統計調査結果概況』　静岡市　2011年
・松尾正人
『徳川慶喜―最後の将軍と明治維新』　山川出版社　2011年
・JTBパブリッシング
『るるぶ静岡 浜名湖 富士山麓 伊豆'12』　JTBパブリッシング　2011年
・井上潤
『渋沢栄一―近代日本社会の創造者』　山川出版社　2012年

・静岡市経営企画課

『第２次静岡市総合計画 第３期実施計画（平成24年度～26年度）』 静岡市 ２０１２年

・静岡市下水道計画課

『浸水ひなん地図』 静岡市 ２０１２年

【サイト】

・静岡市

http://www.city.shizuoka.jp/index.html

・静岡県

http://www.pref.shizuoka.jp/

・総務省統計局

http://www.stat.go.jp/

・農林水産省

http://www.maff.go.jp/

・水産庁

http://www.jfa.maff.go.jp/

・東京大学公共政策大学院

http://www.pp.u-tokyo.ac.jp/

・清水サッカー協会

http://www.nposhifa.net/

・Ｊリーグ公式サイト

http://www.j-league.or.jp/

・浜松市公式Ｗｅｂサイト

http://www.city.hamamatsu.shizuoka.jp/

・久能山東照宮

http://www.toshogu.or.jp/

・静岡地震被害見学記（寺田寅彦 青空文庫）

http://www.aozora.gr.jp/cards/000042/files/4391_13509.html

・お茶の国しずおか

http://www.city.shizuoka.jp/deps/norin/tea/main.html

・鷹匠界隈の総合情報サイト

http://www.takajyo.net/

・日本平観光組合
http://www.nihondairakankou.com/

・静岡発！　地方再生論
http://saiseiron.com/

・新静岡セノバ
http://www.cenova.jp/

・静岡呉服町名店街
http://www.gofukucho.or.jp/

・七間町名店街
http://www.7town.jp/

・ＪＲ東海
http://jr-central.co.jp/

・静鉄グループ
http://www.shizutetsu.co.jp/index.html

・しずてつジャストライン
http://www.justline.co.jp/

・大井川鐵道
http://www.oigawa-railway.co.jp/

・清水エスパルス
http://www.s-pulse.co.jp/

・エスパルスドリームフェリー
http://www.dream-ferry.co.jp/

・大道芸ワールドカップ in 静岡
http://www.daidogei.com/

・中部電力
http://www.chuden.co.jp/

・東海大学海洋科学博物館
http://www.umi.muse-tokai.jp/

・国土地理院 古地理調査
http://www1.gsi.go.jp/geowww/paleogeography/index.html

・日本経営協会
http://www.noma.or.jp/index.html

・しずおか河川ナビゲーション
http://www.shizuoka-kasen-navi.jp/

・地方自治問題研究機構
http://www.jilg.jp/iservice/index.html

・都道府県市区町村
http://uub.jp/

・久能いちご狩り
http://www.kunou-ichigo.com/

・静岡県の歴史
http://tatsuo.gnk.cc/jk/rekishi/shizuoka/rekishi_shizuoka.htm

・静岡けいりん
http://www.shizuoka38.jp/

・静岡大学
http://www.shizuoka.ac.jp/

・静岡県立大学
http://www.u-shizuoka-ken.ac.jp/

・静岡県立清水東高等学校サッカー部
http://www.shimizu-east.net/

・静岡市立清水商業高等学校
http://kiyosho-2012.jp/

●編者
松立学
1972年生まれ。宇宙に競馬、美術に軍事、何でもありの理系出身ライター兼編集者。あえて「こだま」での静岡旅をすること数回。今回は、静岡市出身の「できる編集者やライター」の力も借りて市内を東奔西走。『日本の特別地域』シリーズでは、『茨城県』の執筆を担当。
佐藤晴彦
1976年静岡県生まれ。フリーライター。旧静岡市で育ち、大学入学を機に上京。上京後に旧清水市と合併したおかげで、つい最近まで実家の現住所を正確に書くことができなかった。帰郷のたびに変容する駿河区の様相に、少し戸惑い気味。
岡島慎二
1968年生まれ。大衆居酒屋と猫をこよなく愛するライター兼編集者。東京·地方を問わず、地域の本質や問題点、街づくりのあり方などを探る「地域批評」をライフワークに全国各地を飛び回っている。『日本の特別地域』シリーズでは、東北から九州まで全国津々浦々、およそ30地域の執筆を担当。

地域批評シリーズ⑮　これでいいのか 静岡県静岡市
2017年2月27日　第1版　第1刷発行
2021年4月　1日　第1版　第2刷発行

編　者　松立学
　　　　佐藤晴彦
　　　　岡島慎二
発行人　子安喜美子
発行所　株式会社マイクロマガジン社
　　　　〒104-0041　東京都中央区新富1-3-7 ヨドコウビル
　　　　TEL 03-3206-1641　FAX 03-3551-1208（販売営業部）
　　　　TEL 03-3551-9564　FAX 03-3551-0353（編　集　部）
　　　　https://micromagazine.co.jp/
編　集　髙田泰治
装　丁　板東典子
イラスト　田川秀樹
協　力　株式会社エヌスリーオー
印　刷　図書印刷株式会社
※定価はカバーに記載してあります
※落丁・乱丁本はご面倒ですが小社営業部宛にご送付ください。送料は小社負担にてお取替えいたします

※本書の内容は2017年1月20日現在の状況で制作したものです

2021 Printed in Japan　ISBN　978-4-89637-614-2　C0195